もくじ
東京書籍版　社会公民

JN085235

テストの範囲や学習予定日をかこう!

学習計画	
出題範囲	学習予定日
5/14 テストの日	5/10
	5/11

	教科書ページ	この本のページ		学習計画	
		ココが要点	予想問題	出題範囲	学習予定日
第1章　現代社会と私たち					
1節　現代社会の特色と私たち	8〜15	2	3		
2節　私たちの生活と文化	18〜23	4	5		
3節　現代社会の見方や考え方	24〜31	6	7		
第2章　個人の尊重と日本国憲法					
1節　人権と日本国憲法	40〜49	8〜9	10〜11		
2節　人権と共生社会	50〜53	12	13		
	54〜57	14	15		
	58〜61	16	17		
3節　これからの人権保障	62〜67	18	19		
第3章　現代の民主政治と社会					
1節　現代の民主政治	78〜87	20〜21	22〜23		
2節　国の政治の仕組み	90〜95	24	25		
	96〜99	26	27		
	100〜109	28〜29	30〜31		
3節　地方自治と私たち	110〜117	32〜33	34〜35		
第4章　私たちの暮らしと経済					
1節　消費生活と市場経済	130〜139	36〜37	38〜39		
2節　生産と労働	140〜149	40〜41	42〜43		
3節　市場経済と仕組みと金融	150〜153	44	45		
	154〜161	46〜47	48〜49		
4節　財政と国民の福祉	162〜169	50〜51	52〜53		
5節　これからの経済と社会	170〜173	54	55		
第5章　地球社会と私たち					
1節　国際社会の仕組み	182〜185	56	57		
	186〜191	58〜59	60〜61		
2節　さまざまな国際問題　3節　これからの地球社会と日本	192〜207	62〜63	64		

解答と解説	別冊
ふろく　テストに出る!　5分間攻略ブック	別冊

写真提供：アフロ，（公社）臓器移植ネットワーク（敬称略・五十音順）

第1章 現代社会と私たち

1節 現代社会の特色と私たち

満点ミッション

❶持続可能な社会
現在の世代と将来の世代の幸福が両立。

❷東日本大震災
2011年，東北地方を中心に大きな被害。

❸社会参画
社会問題の解決に主体的にかかわること。

❹国際競争
国どうしがより良い商品をより安く作ることで争う。

❺食料自給率
食料を国産でまかなえる割合。

❻国際協力
国境をこえた協力。

❼合計特殊出生率
1人の女性が生む子どもの平均数。

❽核家族世帯
親と子ども，または夫婦だけの家族。

❾人工知能（AI）
人間の知能をコンピューターに持たせたもの。

❿情報リテラシー
情報を正しく活用する力。

---

1 持続可能な社会に向けて　教 p.8〜p.9

▷ （❶　　　　　　　　）な社会…現在の世代の幸福と<u>将来の世代</u>の幸福とを両立できる社会。

● 資源を利用する際50年後・100年後のことを考えることが必要。

● 2011年の（❷　　　　　　　　）で，<u>津波・原発事故</u>が起こる。
→特に**防災・エネルギー面**の課題が明確になる。

● 一人一人の積極的な（❸　　　　　　　　）が必要。

2 グローバル化　教 p.10〜p.11

▷ <u>グローバル化</u>…**人**や**物**，**お金**や**情報**などが，国境をこえて移動すること→**世界の一体化**が進む。

▷ 輸出入される商品の間で**国際**（❹　　　　　　　）や**国際分業**が行われる→各国がたがいに依存する状態に。

▷ 問題点

● **国際分業**により消費する食料を国内の生産でまかなえなくなる
→（❺　　　　　　　）の**低下**。

● 国家間で**貧富の差**が拡大→**国際**（❻　　　　　　　）が必要。

3 少子高齢化　教 p.12〜p.13

▷ 結婚年齢の高まりなどによる（❼　　　　　　　　）の減少と，平均寿命ののびにより，<u>少子高齢化</u>が進んでいる。

● 三世代世帯が減少し，（❽　　　　　　　）世帯が増加。

▷ <u>少子高齢社会</u>の課題

● **社会保障**の**充実**…保育所や**介護**サービスの整備。

● 公的年金の費用増加と**現役世代の負担**の増加。

4 情報化　教 p.14〜p.15

▷ <u>情報化</u>…社会において，情報が果たす役割が大きくなること。

● （❾　　　　　　　）（AI）…推論・判断などの**人間の知能**の働きをコンピューターに持たせる。家電の遠隔操作や会話など。

● インターネットでの検索や買い物も普及している。

▷ **情報通信技術（ICT）**の発達
→情報を正しく活用・利用する力（＝**情報**（❿　　　　　　　））や態度（＝**情報モラル**）を身に付けなければならない。

テストに出る！

予想問題　1節　現代社会の特色と私たち

⏱30分

/100点

1 次の文を読んで，あとの問いに答えなさい。　10点×3〔30点〕

> たくさんの人，物，お金，情報などが，国境をこえて移動することで，<u>世界の一体化</u>が進んでいる。貿易では，国際競争が加速する一方で，それぞれの国は競争力のある得意な産業に力を入れ，競争力のない不得意な産業については外国からの輸入にたよる（　　　）が行われている。

(1)　（　）にあてはまる語句を書きなさい。（　　　　　　　　）

よく出る (2)　下線部をカタカナをふくんだ別の語句で書きなさい。
（　　　　　　　　　）

記述 (3)　右のグラフから読み取れる日本の課題は，どのようなことですか。簡単に書きなさい。
（　　　　　　　　　　　　　　　　　　　　）

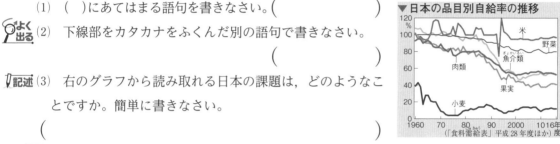

日本の品目別自給率の推移
米　野菜　魚介類　肉類　果実　小麦
1960　70　80　90　2000　1016年度
（「食料需給表」平成28年度ほか）

2 次の文を読んで，あとの問いに答えなさい。　10点×3〔30点〕

> 現代の日本は，さまざまな問題をかかえている。まず，<u>a 合計特殊出生率が減少する</u>と同時に平均寿命がのびることにより，（　　　）化が進んでいる。環境破壊や自然災害への対策など，<u>b 未来の社会づくり</u>への課題解決には，一人一人の社会参画が必要であるといえる。

(1)　（　　）にあてはまる語句を書きなさい。　（　　　　　　　　）

(2)　下線部 a の理由として誤っているものを，次から選びなさい。　（　　　）

　ア　結婚しない人が増えた。　　イ　結婚する年齢が低くなった。
　ウ　共働き世帯が増えた。　　　エ　育児と仕事の両立が難しくなった。

よく出る (3)　下線部 b について，現在と将来の世代の幸福を両立できる社会を何といいますか。
（　　　　　　　　　　）

3 次の(1)〜(4)にあてはまるものを，□からそれぞれ選びなさい。　10点×4〔40点〕

(1)　情報社会で，情報を正しく活用する力。　（　　　　　　　　）

(2)　情報を正しく利用していく態度。　（　　　　　　　　）

(3)　情報通信技術の略称。　（　　　　　　　　）

(4)　人工知能の略称。　（　　　　　　　　）

> 情報リテラシー　　デジタル・デバイド　　情報モラル　　ICT　　AI　　VR

ちょっとひといき　テスト前は，ニュースや新聞もしっかりチェックしておこう！

2節　私たちの生活と文化

❶文化
人間の生活様式全体。

❷科学
研究により技術を発達。

❸宗教
神仏を信じること。

❹芸術
作品によって精神を充実させる活動。

❺伝統文化
古くからの慣習など。

❻年中行事
毎年特定の時期に行われる行事。

❼琉球文化
琉球王国由来の文化。

❽アイヌ文化
北海道の先住民文化。

❾文化財保護法
文化財や史跡，天然記念物を保護する法。

❿多文化共生
さまざまな文化を認め，ともに生きること。

⓫ダイバーシティ
さまざまな価値観を受け入れること。

⓬ユニバーサルデザイン
だれもが利用しやすいように工夫。

1 私たちの生活と文化の役割　教 p.18〜p.19

▷ (**❶**　　　　　　　)…人々の生活の中で形作られてきたもの。

● 教養，生活環境の中で受けつがれてきた生きるための知恵。

●「日本」という文化…**日本語，お辞儀，はしを使う食事**など。

▷ (**❷**　　　　　　　)…食料生産技術，航空技術，医療など。

▷ (**❸**　　　　　　　)…神や仏の存在について考えることで，自然や社会の中でのより良い生き方を追求すること。

▷ (**❹**　　　　　　　)…音楽・絵画や映画の鑑賞，読書など，人々を精神的な面で豊かにする。

▷ **文化の負の側面**…<u>原発事故</u>は科学技術の活用の危険性を認識させた。異なる宗教間での対立も起こっている。

2 伝統文化と新たな文化の創造　教 p.20〜p.21

▷ (**❺**　　　　　　　)…長い歴史の中で育まれ，人々に受けつがれてきた文化。

● 能や**歌舞伎**，衣食住，**冠婚葬祭**など。

● (**❻**　　　　　　　)…**初詣**（1月），**節分**（2月）など。

▷ 日本には，地域によって気候や土地柄に応じた多様な文化が存在。

● <u>沖縄を中心とする</u>(**❼**　　　　　　)文化。

● <u>北海道を中心とする</u>(**❽**　　　　　　)文化。

▷ 少子高齢化や過疎化により，**伝統文化の存続が難しい地域**もある。
→ (**❾**　　　　　　)法に基づき，保存に努める。

3 多文化共生を目指して　教 p.22〜p.23

▷ 世界に広がる日本文化…和食，漫画，アニメなど。

●「もったいない」…ワンガリ・マータイさんが高く評価。

▷ 日本で暮らす<u>在日韓国</u>・<u>朝鮮</u>人，中国人，ブラジル人やベトナム人，フィリピン人などは，自国の文化を大切に暮らしている。

▷ (**❿**　　　　　　　)…**考え方や価値観の異なる人々**が，たがいの文化のちがいを**認め合い**，<u>対等</u>な関係でともに生活すること。

● (**⓫**　　　　　　)（**多様性**）…高齢者と若者，障がいの有無など，さまざまな価値観を受け入れること。

● (**⓬**　　　　　　)…だれもが利用しやすいデザイン。

テストに出る！
予想問題　2節　私たちの生活と文化

⏱30分

/100点

1 次の文を読んで，あとの問いに答えなさい。　　　　　　　　　　10点×7〔70点〕

> 　「文化」という言葉にはさまざまな意味がある。文化の代表的な領域には，a科学，b宗教，c芸術の三つがある。日本の文化には，d長い歴史の中で育まれ，受けつがれてきた伝統文化がある。一般の人々に受けつがれてきた衣食住，（　　　　），冠婚葬祭（かんこんそうさい）などの生活文化もそのひとつである。また，日本の北と南には，e古くからの独特な文化も見られる。
> 　各地に残る祭りや芸能などの有形・無形の文化財の中には存続が危ぶまれるものもあり，国や都道府県・市（区）町村はf文化財の保存に努めている。

(1) 下線部a〜cにあてはまるものを，次からそれぞれ選びなさい。　a（　　　）　b（　　　）

　ア　全国にある浅間神社（せんげん）は富士山を神体としてまつっている。　　　　　　　　c（　　　）

　イ　富士山は古来から和歌や絵画の題材となっている。

　ウ　富士山は火山として研究され，防災に生かす試みも行われている。

(2) 下線部dの例として，舞台で行われる芸能を1つ挙げなさい。　　（　　　　　　　）

よく出る (3) 文中の（　）にあてはまる，初詣（はつもうで），ひな祭り，七夕（たなばた）などをまとめて何といいますか。

　　　　　　　　　　　　　　　　　　　　　　　　　　　（　　　　　　　　　）

(4) 下線部eについて，「エイサー」や「紅型（びんがた）」に代表される文化は，現在のどの都道府県を中心に発達しましたか。　　　　　　　　　　　　　（　　　　　　　　　）

(5) 下線部fについて，文化財を保存するための法律を何といいますか。（　　　　　　　）

2 次の文を読んで，あとの問いに答えなさい。　　　　　　　　　　10点×3〔30点〕

> 　日本でも外国にルーツを持つ多くの人々が，自国の文化を大切にしながら暮らしている。このような中，a言語や性別，年代や障がいの有無などをこえて価値観を共有するために，ダイバーシティやユニバーサルデザインの考えが広まっている。bたがいの文化・価値観のちがいを認め合い，対等な関係を築きながら，社会の中でともに生活する必要がある。

(1) 下線部aについて，次の①・②はダイバーシティとユニバーサルデザインのどちらにあてはまりますか。　　　　　　　　①（　　　　　　　）　②（　　　　　　　）

　①　日本語を理解できる人もできない人も，イラストなどで内容がわかる表示。

　②　障がいのある人を積極的にやとう経営方針（きぎょう）を持つ企業。

よく出る (2) 下線部bについて，民族や宗教などの異なる人々が，ともに生きようとすることを何といいますか。

　　　　　　　　　　　　　　　　　　　　　　　　　　　（　　　　　　　）

3節　現代社会の見方や考え方

満点★ミッション

❶家族
生まれて最初に加わり，基本的なことを身に付ける集団。

❷社会的存在
さまざまな社会集団の中で存在していること。

❸対立
意見の相違。

❹合意
対立が話し合いにより，解決すること。

❺義務
しなければならない務め。

❻全会一致
全員の賛成をもって決定すること。

❼多数決
より多くの賛成を得た意見に決めること。

❽少数意見の尊重
多数決で採用されなかった意見にも配慮すること。

❾効率
資源を無駄なく使ったうえで，全体の満足を増やすこと。

❿公正
特定の人が不利なことにならないこと。

⓫共生社会
たがいに助け合い自分らしく生きる社会。

テストに出る！ **ココが要点** 解答 p.2

1 社会集団の中で生きる私たち 教 p.24〜p.25

▷ 私たちはさまざまな社会集団の中で生活する。

● (❶　　　　　　)…最も身近な社会集団。

● 地域社会…社会的ルールを身に付ける社会集団。

● 人間はいくつかの社会集団に所属しなければ生きて成長し，生活を豊かにできない→(❷　　　　　)といわれる。

▷ 社会集団の中では，ときに(❸　　　　　)が生じる。

● 自分の意見を主張するだけでなく，解決策を得るために話し合い，(❹　　　　　)を目指す。

2 決まりを作る目的と方法 教 p.26〜p.27

▷ 社会生活を営むためには，**対立**を解決するだけでなく，前もって集団内や集団間で**決まり**(ルール)を作ることも必要。

● だれがどのような**権利**を持ち，どのような(❺　　　　　)や**責任**が生じるかを明らかにする。

▷ **決まり**をだれが，どのような方法で決めるかが大切。

● **全員が参加する**か，**代表者が話し合う**か。

● **全員が納得する**(❻　　　　　)か，より多くの人が賛成する案を採用する(❼　　　　　)か。

● **多数決**の場合は，(❽　　　　　)の**尊重**が大切。

3 効率と公正 教 p.28〜p.29

▷ 解決策を考え，みんなの**合意**を得るために配慮する。

● (❾　　　　　)…資源を無駄なく使ったうえで，全体の満足を増やすこと。「無駄を省く」。

● (❿　　　　　)

◇ **手続きの公正さ**…話し合いにみんなが参加しているか。

◇ **機会や結果の公正さ**…機会が不当に制限されたり，結果が不当なものになっていないか。

4 決まりの評価と見直し 教 p.30〜p.31

▷ 決まりは，状況の変化に応じて変更できる。

▷ 社会集団の中で，考え方や価値観のちがいを認め，対立と合意，効率と公正を理解し，(⓫　　　　　)を目指していく。

テストに出る！
予想問題 **3節 現代社会の見方や考え方** ⏱30分

/100点

1 社会集団について，次の問いに答えなさい。 10点×2〔20点〕

(1) 人にとって，最も身近な社会集団は何ですか。 （ 　　　　　　　 ）

📝記述(2) 人間が社会的存在であるとされる理由を簡単に書きなさい。

（ 　　　　　　　　　　　　　　　　　　　　　　　　　 ）

2 次の文を読んで，あとの問いに答えなさい。 10点×8〔80点〕

> 決まりを作る際は，おたがいの（ A ）を尊重し，決まりを守る（ B ）や義務が生じることを明らかにすることが大切である。また，決まりを作る過程で，無駄がないかを考える効率と，<u>a 手続きの公正さ</u>，<u>b 機会や結果の公正さ</u>に配慮する必要もある。さらに，<u>c 決めるための方法</u>も重要である。

(1) A・Bにあてはまる語句を書きなさい。A （ 　　　　　 ） B （ 　　　　　 ）

よく出る(2) 下線部aとbの考えにあてはまるものを，次からそれぞれ選びなさい。

a （ 　 ） b （ 　 ）

● 合唱祭の練習場所を各クラスに割りふる会議を開いた。そのとき，

ア 全てのクラスが同じ回数ピアノが使えるように配慮した。

イ 練習時間に空いている練習場所がないように配慮した。

ウ 会議には全てのクラスの代表が参加できるように配慮した。

よく出る(3) 下線部cについて，次の問いに答えなさい。

① 次の表中のX〜Zのうち，X・Yにあてはまるものを，あとからそれぞれ選びなさい。

X （ 　　　 ） Y （ 　　　 ）

決定の仕方	長所	短所
X	みんなの意見が反映される。	決定に時間がかかる。
Y	みんなの意見がある程度反映される。全員で決めるよりは時間がかからない。	一人で決めるよりも決定に時間がかかる。みんなの意見がうまく反映されないこともある。
Z	決定に時間がかからない。	みんなの意見が反映されない。

ア 複数の代表者で話し合って決定する。 イ 一人で決定する。

ウ 全員で話し合って決定する。

② 全員の意見が一致することで成立する採決の方法は何ですか。 （ 　　　　　　　 ）

③ 多数決で採決するときに，必要なことは何ですか。 （ 　　　　　　　 ）

第2章 個人の尊重と日本国憲法

1節 人権と日本国憲法

1 人権の歴史と憲法　教 p.40〜p.41

▷　人権＝(❶　　　　　　　　)…人間が個人として尊重され，平等に，自由に生きることを権利として保障したもの。

●(❷　　　　　　　)と平等権…国王の支配により制限。

→18世紀にアメリカ独立宣言やフランス人権宣言で保障。

●(❸　　　　　　　)…資本主義経済で貧富の差が広がったことが背景→20世紀のワイマール憲法(ドイツ)で確立。

▷　法…法律，条例など→最高の法は(❹　　　　　　　)。

●法の支配…国民が制定した法により政治権力を制限する考え方。

●立憲主義…法の支配に基づき，憲法で政治権力を制限し，人権を保障する考え方。

2 日本国憲法とは　教 p.42〜p.43

▷　(❺　　　　　　　)…1889年発布。主権者は天皇であり，国民は「臣民ノ権利」を持つ←人権は法律により制限された。

▷　(❻　　　　　　　)…太平洋戦争後，連合国軍最高司令官総司令部(GHQ)の草案に基づき，政府が旧憲法を改正。

→1946年11月3日公布，1947年5月3日施行。

▷　日本国憲法の三つの基本原理

●国民主権…国民による政治→戦前の天皇主権を否定。

●(❼　　　　　　　)…個人の尊重に基づく人権の保障。

●(❽　　　　　　　)…戦争の放棄。

▷　日本国憲法は，「人権の保障」と「国の政治の仕組み」から成る。

●(❾　　　　　　　)…立法権，行政権，司法権に分け，権力の集中を防ぎ，国民の権利や自由を守るという考え。

3 国民主権と私たちの責任　教 p.44〜p.45

▷　(❿　　　　　　　)…国の政治の決定権は国民が持ち，政治は国民の意思に基づいて行われるべきという民主主義の原理。

→国会議員は，主権者である国民によって選ばれる。

▷　憲法改正…最高法規である憲法の改正には，慎重な手続きが必要。

●憲法改正原案の提出→各議院の総議員の3分の2以上の賛成で国会が(⓫　　　　　　　)→国民投票で過半数の賛成が必要。

満点★ミッション

❶人権(基本的人権)
人が生まれながらに持つ権利。

❷自由権
平等権とともに最初に保障された人権。

❸社会権
20世紀に発達した人間らしく生きる権利。

❹憲法
国の最高法規。

❺大日本帝国憲法
天皇主権の欽定憲法。

❻日本国憲法
戦後に制定された，民定憲法。

❼基本的人権の尊重
人間らしく生きる権利を大切にする考え。

❽平和主義
戦争放棄の考え方。

❾三権分立(権力分立)
立法・行政・司法に権力を分散すること。

❿国民主権
国の在り方を決めるのは国民という考え。

⓫憲法改正の発議
憲法改正の是非を国民に問うこと。

ココが要点の答えになります。

満点☆ミッション

⑫天皇
大日本帝国憲法では主権者，現在では国の象徴。

⑬国事行為
内閣総理大臣の任命，国会の召集，栄典の授与など。

▶ 日本国憲法における天皇
- (⑫　　　　　　　　)は日本の国と日本国民全体の「象徴」(憲法第1条)。
- 政治の権限は持たず，(⑬　　　　　　　)のみを行う。この時，内閣の助言と承認が必要で，その責任は内閣が負う(第3条)。

4 平和主義の意義と日本の役割　教 p.46〜p.47

▶ 平和主義…戦争を放棄し，戦力を持たず，交戦権を認めない。
- 国の防衛のために(⑭　　　　　　　)は保持。
- (⑮　　　　　　　)条約…他国が日本を攻撃した場合，日本とアメリカが共同で対応する。沖縄をはじめとして国内各地にアメリカ軍基地が設置される。
- 集団的自衛権…同盟関係にある国が攻撃を受けたとき，自国が攻撃を受けてなくても防衛活動を行う。2015年の法改正で，最小限度の行使が可能になった。

▶ 自衛隊の活動…日本の防衛だけでなく，国際連合の平和維持活動(PKO)への参加，自然災害が起こったときの災害派遣など。
▶ (⑯　　　　　　　)…唯一の被爆国として，核兵器を「持たず，作らず，持ちこませず」の原則を国際社会で表明。

⑭自衛隊
自衛のための必要最小限度の実力。PKOや災害派遣でも活躍。

⑮日米安全保障条約
日本にアメリカ軍の駐留を認め，日本への武力攻撃などに対処。

⑯非核三原則
核兵器を「持たず，作らず，持ちこませず」。

5 基本的人権と個人の尊重　教 p.48〜p.49

▶ 基本的人権…平等権，自由権，社会権，参政権など。
- 人権の保障は「(⑰　　　　　　　)の尊重」の原理(憲法第13条)に基づく。
- 個人の尊重は(⑱　　　　　　　)の平等(第14条)と関係。
  →全ての人を平等にあつかうことが必要である。

▶ 子どもにも人権は保障される。
- 一人の人間として尊重され，健やかに成長する権利を持つ。
- (⑲　　　　　　　)条約(1989年に国連で採択)
  ◇子どもの人権…生きる権利，意見を表明する権利，守られる権利などを認めている(日本は1994年に批准)。

⑰個人の尊重
基本的人権の根本。憲法第13条。

⑱法の下の平等
法律上は差別されない。

⑲子ども(児童)の権利条約
子どもの人権を保障。

9

テストに出る！ 予想問題　1節　人権と日本国憲法

⏱30分 ／100点

1 次の文を読んで，あとの問いに答えなさい。　4点×3〔12点〕

> 憲法に基づく政治は，a強大な政治権力から人権を保障しようとする努力の中で確立されていった。憲法に基づく政治で人権を保障する考え方をb立憲主義という。

(1) 下線部aについて，近代革命に影響を与えた次の①・②の思想家を□□□から選びなさい。

① 「社会契約論」で人民主権を唱えた。　（　　　　　）

② 「法の精神」で三権分立を唱えた。　（　　　　　）

| モンテスキュー |
| ルソー　ロック |

(2) 下線部bについて，立憲主義の根本となる，国民が制定した法により国王や政府などの政治権力を制限する考えを何といいますか。（　　　　　）

2 右の表を見て，次の問いに答えなさい。　4点×8〔32点〕

(1) 表中のA〜Cにあてはまる語句をそれぞれ書きなさい。

A（　　　　　）
B（　　　　　）
C（　　　　　）

	（ A ）	日本国憲法
成立	1889年2月11日発布	（ C ）公布
主権者	a天皇	国民
形式	（ B ）憲法 （君主が定める憲法）	民定憲法 （国民が定める憲法）
人権	b臣民ノ権利	基本的人権として保障

(2) 下線部aについて，日本国憲法ではこの地位を日本国と国民全体の何と定めていますか。

（　　　　　）

記述(3) 下線部bについて，「臣民ノ権利」が日本国憲法の基本的人権と大きく異なる点について，「制限」の語句を用いて簡単に書きなさい。　（　　　　　）

(4) 最高法規である憲法の改正には慎重な手続きが定められています。

① 右の図中のXにあてはまる語句を，次から選びなさい。　（　　）

ア　3分の1以上　　イ　過半数
ウ　3分の2以上　　エ　4分の3以上

② 図中のYにあてはまる語句を書きなさい。
（　　　　　）

③ 図中の下線部のような天皇が行う儀礼的な行為を何といいますか。（　　　　　）

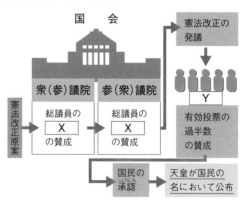

国　会

憲法改正原案 → 衆（参）議院 総議員のXの賛成 → 参（衆）議院 総議員のXの賛成 → 憲法改正の発議 → Y → 有効投票の過半数の賛成

国民の承認 → 天皇が国民の名において公布

ちょっとひといき 覚えたいところはオレンジのペンでノートをとると赤シートで消せる！

3 右の図を見て，次の問いに答えなさい。　　　　　　　　4点×8〔32点〕

(1) 右の図は，日本国憲法の三つの基本原理について表しています。（　）にあてはまる語句を書きなさい。

（　　　　　　）

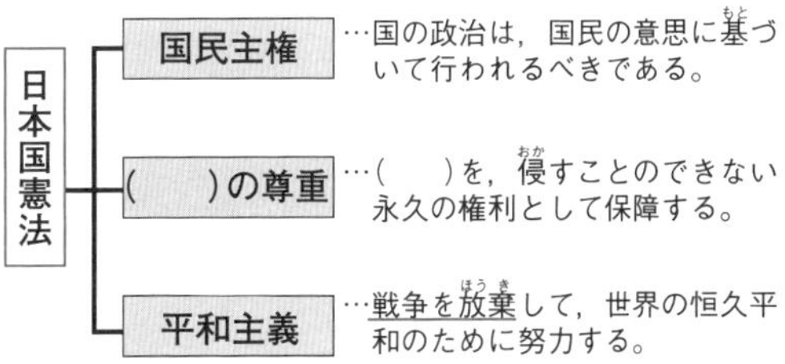

```
日本国憲法 ─ 国民主権 …国の政治は，国民の意思に基づいて行われるべきである。
          ─（　）の尊重 …（　）を，侵すことのできない永久の権利として保障する。
          ─ 平和主義 …戦争を放棄して，世界の恒久平和のために努力する。
```

(2) 下線部について，次の問いに答えなさい。

① 次の文中のX〜Zにあてはまる語句を，□□からそれぞれ選びなさい。

●日本国民は，正義と秩序を基調とする（ X ）を誠実に希求し，国権の発動たる戦争と，（ Y ）による威嚇又はYの行使は，（ Z ）を解決する手段としては，永久にこれを放棄する。

X（　　　　　　）Y（　　　　　　）Z（　　　　　　）

国際平和　　平和維持　　武力　　戦力　　国際紛争　　国際分業

② ①の条文は，日本国憲法の一部です。これは第何条の条文ですか。　第（　　）条

(3) 日本が，自国の防衛のために保持する組織は何ですか。（　　　　　　）

(4) 日米安全保障条約では，日本が攻撃を受けたとき，アメリカが共同で日本の防衛にあたることが定められています。このとき，アメリカが行使することになる権利を何といいますか。（　　　　　　）

(5) 非核三原則はどのような内容ですか。「核兵器を」のあとに続けて書きなさい。

●核兵器を（　　　　　　　　　　　　　　　）

4 右の図を見て，次の問いに答えなさい。　　　　　　　　4点×6〔24点〕

(1) 基本的人権を表した右の図中のA・Bにあてはまる語句をそれぞれ書きなさい。

A（　　　　　　）B（　　　　　　）

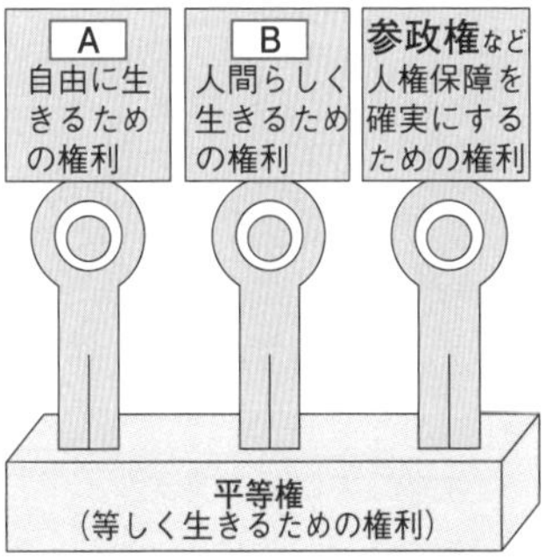

```
A 自由に生きるための権利
B 人間らしく生きるための権利
参政権 など人権保障を確実にするための権利
平等権（等しく生きるための権利）
```

(2) 図中の平等権の基本となる考えは，憲法の第13条と14条に示されています。次の憲法の条文中のX〜Zにあてはまる語句をそれぞれ書きなさい。

X（　　　　　　）Y（　　　　　　）Z（　　　　　　）

●第13条　すべて国民は，（ X ）として尊重される。

●第14条　①すべて国民は，（ Y ）に平等であつて，人種，信条，性別，社会的身分又は門地により，政治的，経済的又は社会的関係において，（ Z ）されない。

(3) 1989年に国連で採択された，子どものあらゆる人権を保障する条約を何といいますか。（　　　　　　）

2節　人権と共生社会①

解答 p.3

テストに出る！ ココが要点

❶平等権
等しくあつかわれる権利。

❷部落差別
江戸時代の身分制度に由来する。

❸アイヌ民族支援法
アイヌ民族を先住民族と法的に位置付け。

❹男女雇用機会均等法
求人や昇進などでの男女の差別を禁止。

❺男女共同参画社会基本法
1999年，男女が対等な立場で活躍できる社会づくりを目指す。

❻インクルージョン
障がいの有無のほか，性別や人種などさまざまちがいを認めて支え合うこと。

❼バリアフリー
段差のスロープや点字ブロックなど。

❽障害者基本法
障がい者の自立・社会参画の支援法。

❾障害者差別解消法
2013年，障がいを理由とする差別を禁止。

---

1 平等権①―共生社会を目指して　教 p.50〜p.51

▷ （❶　　　　　　　　　）…全ての人が平等にあつかわれる権利。

▷ 差別をなくす取り組み

● （❷　　　　　　　　　）（同和問題）…1922年，全国水平社が結成。

◇1965年同和対策審議会の答申…部落差別撤廃は国の責務。

→2016年に，部落差別解消推進法が制定される。

●アイヌ民族への差別…明治時代の北海道開拓で，アイヌ民族の風習などが否定される。1997年，アイヌ文化振興法を制定。

→2019年に，（❸　　　　　　　　　）法が制定される。

●在日韓国・朝鮮人への差別…1910年の韓国併合による日本の植民地支配期に日本に連れてこられた人々やその子孫をふくむ。

→人権の保障が求められる。

2 平等権②―共生社会を目指して　教 p.52〜p.53

▷ 男女平等を目指して…女性は男性に比べると雇用や昇進の機会が少なく，セクシュアル・ハラスメントの被害にもあいがち。

● （❹　　　　　　　　　）法…雇用における女性差別の禁止。

● （❺　　　　　　　　　）基本法…男女が対等な立場で社会に参画。

●実現のためには育児と仕事の両立しやすい環境が必要

→育児・介護休業法による男女の育児休業，保育所の整備など。

▷ 性の多様性への理解…同性愛の人や身体的な性別と意識する性別とのちがいを感じる人（LGBTとよばれることもある）など。

▷ 障がいのある人への理解

● （❻　　　　　　　　　）の実現…さまざまなちがいを認め，関わる全ての人が参加し支え合うこと。

(例)障がいがあっても教育や就職で不自由なく生活。

● （❼　　　　　　　　　）…さまざまな障壁を取り除いた設備。

● （❽　　　　　　　　　）基本法…障がいのある人の自立を支援。

● （❾　　　　　　　　　）法…障がいのある人への差別の禁止。

▷ 在日外国人の増加…アジアは中国やベトナム，フィリピンなど。

南アメリカはブラジルなどから来る日系人。

→不当な不利益や差別をなくし，教育や社会保障などの配慮が必要。

テストに出る！
予想問題
2節　人権と共生社会①

⏰30分
/100点

1 右の資料を見て，次の問いに答えなさい。
10点×5〔50点〕

(1) A〜Cの差別と関連の深い歴史的なことがらを，次
からそれぞれ選びなさい。

A (　　) B (　　) C (　　)

ア　戦前の植民地支配　　イ　江戸(えど)時代の身分制度

ウ　戦後の経済成長　　エ　明治時代の北海道開拓

A	部落差別
B	アイヌ民族への差別
C	在日韓国(かんこく)・朝鮮(ちょうせん)人への差別

(2) Aへの取り組みとして最も時代が新しいものを，□から選びなさい。

(　　　　　)

同和対策審議会の答申　　全国水平社の結成(しんぎ)　　部落差別解消推進法

(3) Bについて，2019年のアイヌ民族支援法(しえん)によって，アイヌ民族はどのような民族として
法的に位置付けられましたか。(　　　　　)

2 次の文を読んで，あとの問いに答えなさい。
10点×5〔50点〕

　日本では，女性が仕事をするうえで，雇用(こよう)や昇進(しょうしん)の面で男性より機会が少ない傾向
があるのは，「家事や a育児(かいご),介護などは女性の役割」という性別役割分担の意識が残っ
ているためだとされる。そこで，1985年の男女雇用機会均等法につづき，さらに1999
年には，男女が対等な立場で活躍できる社会をつくれるよう，(A)が制定された。
しかし職場には，(B)とよばれる性的ないやがらせの問題も残っている。また，性
の多様性，在日外国人への理解とならび，b障がいのある人への理解も不可欠であり，
さまざまなちがいを認めて支え合う cインクルージョンの実現が求められている。

よく出る (1) A・Bにあてはまる語句をそれぞれ書きなさい。

A (　　　　　) B (　　　　　)

(2) 下線部aについて，このための休暇を取りやすくする法律は何ですか。(　　　　　)

(3) 下線部bについて，障がいのある人や高齢者(こうれい)が生活するうえでの障壁(しょうへき)をなくすバリアフ
リーについて，身の回りにある例を1つ挙げなさい。(　　　　　)

(4) 下線部cについて，この取り組みとして正しいものを，次から選びなさい。

ア　障がいのある人は障がいのある人専用の学校に通ってもらう。(　　　　　)

イ　障がいのある人に，障がいのない人と同じ生活ができるように訓練してもらう。

ウ　障がいのある人が，そのまま社会で共に生活できるように理解し合う。

ちょっとひといき　覚えたところにはしるしをつけるようにすると，達成感UP!

2節　人権と共生社会②

満点★ミッション

❶自由権
自由に生きる権利。

❷精神の自由
自由に考え，信仰し，表現できる権利。

❸身体の自由
不当に身体を拘束されない権利。

❹経済活動の自由
自由に住む場所や職業を決められる権利。

❺社会権
人間らしく豊かに生きる権利。

❻生存権
健康で文化的な最低限度の生活を営む権利。

❼教育を受ける権利
義務教育は無償。

❽勤労の権利
働く機会を保障。

❾労働基本権
労働者を守る権利。

❿団結権
労働組合を作る権利。

⓫団体行動権
ストライキなどの争議活動を保障。

テストに出る！ ココが要点　解答 p.4

1 自由権－自由に生きる権利　教 p.54〜p.55

▶ 個人の自由な考えや行動を保障する（❶　　　　　）。

● （❷　　　　　）…自由に考え，意見を発表することで，民主主義を実現するために保障。<u>思想・良心の自由</u>（第19条），<u>信教の自由</u>（第20条），<u>集会・結社・表現の自由</u>（第21条），<u>学問の自由</u>（第23条）。

● （❸　　　　　）…正当な理由なくとらえられたり，無実の罪で刑罰を受けないために強く保障している。
◇<u>奴隷的拘束・苦役からの自由</u>（第18条），<u>法定手続きの保障・罪刑法定主義</u>（第31条），<u>逮捕・捜索</u>などの要件（←裁判官が出す<u>令状</u>が必要，第33〜35条），<u>拷問の禁止・自白の強要の禁止</u>など刑事手続きの保障（第36〜39条）。

● （❹　　　　　）…職業を自分で選び，働いて得た財産で生活するために保障。<u>職業選択の自由</u>と<u>居住・移転の自由</u>（第22条），<u>財産権の保障</u>（第29条）→不公平な社会にならないように法律で制限されることが多い。

2 社会権－豊かに生きる権利　教 p.56〜p.57

▶ 19世紀，経済活動の自由が強調され，貧富の差が拡大→人間らしい豊かな生活を保障する（❺　　　　　）が生まれた。

● （❻　　　　　）…「<u>健康で文化的な最低限度の生活を営む権利</u>」（第25条）。この権利を保障するためには，<u>生活保護法</u>や社会保障制度の整備が必要である。

● （❼　　　　　）権利…全ての子どもが学習することを保障。義務教育の無償を憲法や<u>教育基本法</u>で定める。

● （❽　　　　　）の権利…働いて収入を得て，生活するために必要な権利である。

● （❾　　　　　）権を保障。
◇（❿　　　　　）権…団結して<u>労働組合</u>を作ることができる。
◇<u>団体交渉権</u>…労働組合が使用者と交渉できる。
◇（⓫　　　　　）権…ストライキなどを行える。

予想問題 テストに出る！

2節 人権と共生社会②

⏱30分

/100点

1 右の自由権の図を見て，次の問いに答えなさい

8点×6〔48点〕

(1) a〜cにあてはまる語句を
それぞれ書きなさい。

a（　　　　　　）

b（　　　　　　）

c（　　　　　　）

A 精神の自由……
・思想・良心の自由（第19条）
・宗教の信仰に関する　a　の自由（第20条）

B 身体の自由……
・奴隷的拘束・苦役からの自由（第18条）
・逮捕には裁判官の　b　が必要（第33条）

C 経済活動の自由…
・居住・移転・　c　の自由（第22条）
・財産権の保障（第29条）

(2) 次の①〜③にあてはまる自由権を，図中のA〜Cからそれぞれ選びなさい。

① 他の2つの権利に比べると，法律による制限を受けやすい。　　（　　）

② 国民が自由に考え発表する権利がないと，民主主義は成立しない。　（　　）

③ 拷問や残虐な刑罰も強く禁止している。　　（　　）

2 次の文を読んで，あとの問いに答えなさい。

(2)は12点，他は8点×5〔52点〕

> 社会権は平等権や自由権より新しく，資本主義経済が発達した _a近代以降に成立した。
>
> 社会権の基本となるのが，憲法第25条で「すべて国民は，健康で文化的な（ A ）の生活を営む権利を有する。」と定めた生存権である。国はこの権利を保障するために， _b病気や失業などで生活に困っている人を支援する仕組みを整えている。
>
> 全ての子どもには， _c教育を受ける権利が保障されている。また，生活の安定のためには，働いて収入を得ることが必要である。そこで，（ B ）の権利を保障する一方で，働く人たちのために _d労働基本権が保障されている。

(1) A・Bにあてはまる語句を書きなさい。A（　　　　　　）　B（　　　　　　）

(2) 下線部aについて，社会権が近代以降に成立した理由について，次の出だしに続けて簡単に書きなさい。

●資本主義経済が発達したことで（　　　　　　　　　　　　　　　　　　）。

(3) 下線部bとcに関係の深い法律を，□□から
それぞれ選びなさい。

b（　　　　　）　c（　　　　　）

| 障害者基本法　　教育基本法 |
| 生活保護法　　男女雇用機会均等法 |

(4) 下線部dについて，権利の名前と内容の組み合わせが正しいものを次から選びなさい。

ア 団結権−労働組合を作る権利　　イ 団体交渉権−ストライキを行う権利　　（　　）

ウ 団体行動権−使用者と対等に交渉する権利

2節　人権と共生社会③

テストに出る！ **ココが要点** 解答 p.4

1 人権を確実に保障するための権利 教 p.58～p.59

▷ 国民が政治に参加する権利を（❶　　　　　　）という。

- （❷　　　　　　）…国会議員，地方議会議員，都道府県知事や市町村長を選挙する権利。
- 選挙に立候補する（❸　　　　　　）も参政権にふくまれる。
- 憲法改正の国民投票権や最高裁判所裁判官の国民審査権など。

▷ 国に対して救済を求める権利を（❹　　　　　　）という。

- （❺　　　　　　）権利…個人の力では解決できない争いごとなどを，裁判所に公正に判断してもらう権利。
- 公務員の行為によって受けた損害に対して賠償を求める国家賠償請求権や，裁判で無罪と判断された場合に国に補償を求める刑事補償請求権など。

2 「公共の福祉」と国民の義務 教 p.60～p.61

▷ 憲法第12条には「この憲法が国民に保障する自由及び権利は，国民の不断の努力によつて，これを保持しなければならない。又，国民は，これを濫用してはならないのであつて，常に（❻　　　　　　）のためにこれを利用する責任を負ふ。」とある。

- 公共の福祉…他人の人権を侵害しないために人権が制限される。
  ◇表現の自由と他人の名誉を傷つける行為の禁止。
  ◇居住・移転の自由と感染症による入院措置。
  ◇職業選択の自由と医療などの無資格者の営業禁止。など。

▷ 国民には，果たすべき（❼　　　　　　）がある。

- 子どもの「教育を受ける権利」を確保するために定められている，子どもに（❽　　　　　　）を受けさせる義務。
- 権利でもあり義務でもある（❾　　　　　　）の義務。
- 国民や住民のために使う費用のために，国や都道府県，市町村に税を納める（❿　　　　　　）の義務。
- 憲法は，国民の権利を保障するための法なので，義務の規定は少ない。

満点ミッション

❶参政権
国民が政治に参加する権利。

❷選挙権
18歳以上の全ての国民に保障。

❸被選挙権
選挙に立候補できる権利。

❹請求権
国などに救済を求めることができる権利。

❺裁判を受ける権利
裁判により法律上の争いを解決してもらう権利。

❻公共の福祉
社会全体の利益のために人権が制限されるという考え。

❼義務
果たすべき責任。

❽普通教育を受けさせる義務
小・中学校の9年間の義務教育。

❾勤労の義務
働いて社会を豊かにする義務。

❿納税の義務
国や都道府県，市町村に税を納める義務。

テストに出る！ 予想問題　2節　人権と共生社会③

⏱30分　/100点

1 右の自由権の図を見て，次の問いに答えなさい。

(2)②は12点，他は8点×5〔52点〕

よく出る (1)　A・Bにあてはまる語句を□から選びなさい。

請願権　国民審査　国民投票

A（　　　　）
B（　　　　）

人権保障を確実にするための権利

参政権 … ・選挙権と被選挙権
・憲法改正の（　A　）権
・最高裁判所の裁判官の（　B　）権

請求権 … ・a 裁判を受ける権利
・b 国家賠償請求権
・c 刑事補償請求権

(2)　～～線部について，次の問いに答えなさい。

①　選挙権は何歳以上の全ての国民に認められていますか。（　　　　）

記述 ②　被選挙権はどのような権利ですか。簡単に書きなさい。
（　　　　　　　　）

(3)　次の①・②の場合，図中の下線部a～cのどれを請求することができますか。

①　殺人罪で逮捕・起訴された人が，裁判の結果無罪となった。①（　）②（　）
②　ハンセン病の患者に国が行った強制隔離政策が，誤りであると認められた。

2 次の文を読んで，あとの問いに答えなさい。

8点×6〔48点〕

　日本国憲法第12条では，自由や権利を「国民の（　A　）努力」で保持しなければならないとしながらも，「（　B　）してはならない」とし，a 社会全体の利益のために人権が制限されることを，（　C　）という言葉で表現している。
　憲法では国民の三大義務も定めている。b 他の二つは権利と義務を同時に規定しているが，納税の義務は義務のみが規定されている。

(1)　A・Bにあてはまる語句を，□から選びなさい。

あくなき　不断の　濫用　悪用

A（　　　　）B（　　　　）

よく出る (2)　Cにあてはまる語句を書きなさい。（　　　　）

(3)　下線部aの例として誤っているものを，次から選びなさい。（　）

ア　堤防建設のため予定地に家があった人に立ち退いてもらった。
イ　政府の政策をきびしく批判した新聞に書き直しを求めた。
ウ　公務員によるストライキは禁止されている。

よく出る (4)　下線部bについて，これらの二つの義務を書きなさい。
（　　　　）（　　　　）

3節　これからの人権保障

テストに出る！ **ココが要点**　　解答 p.5

1 新しい人権①　教 p.62〜p.63

▶ (**❶**　　　　　　　　　)…高度経済成長期の**公害**などがきっかけ
→建築物の**高層化**などから**日照権**も主張される。

● 環境保全を定めた**環境基本法**。

● (**❷**　　　　　　　　　)(**環境影響評価**)…大規模な開発を行う前には，環境への影響の調査を義務付け。

● (**❸**　　　　　　　　　)…個人が自分の生き方や生活の仕方を自由に決定する権利をいう。医療での**インフォームド・コンセント**や臓器提供意思表示カードなど。

● 科学技術の発展にともない，**尊厳死**や**安楽死**，出生前の子どもの**遺伝子診断**など，生命と人権に関しての課題もある。

2 新しい人権②　教 p.64〜p.65

▶ (**❹**　　　　　　　　　)…情報化の進展によって，国や地方に集まった情報を手に入れる権利が認められている。国や地方では，(**❺**　　　　　　　　　)制度を設けて，情報を開示している。

● 知る権利は，**表現の自由**によって支えられている。

▶ (**❻**　　　　　　　　　)の権利…テレビや週刊誌などの(**❼**　　　　　　　　　)の報道によって，個人の私生活に関する情報を公開されない権利が認められている。

● (**❽**　　　　　　　　　)制度…国や民間の情報管理者が，個人情報を慎重に管理することが義務付けられている。

3 グローバル社会と人権　教 p.66〜p.67

▶ (**❾**　　　　　　　　　)宣言…人権は，世界共通で保障されるものだが，国によっては人権侵害が起こった。1948年に国際連合が世界各国の**人権保障**の模範として採択。1966年には，条約として(**❿**　　　　　　　　　)規約を採択し，**人権保障**を義務化。

● (**⓫**　　　　　　　　　)条約…**女性差別**をなくすための条約。
→日本では**男女雇用機会均等法**の制定へ。

● **障害者権利条約**…障がい者の権利を確保するための条約。

● 国際的な人権保障の実現のために，国境をこえて活動する**非営利の民間組織**(**NGO**=非政府組織)の活動が注目されている。

満点☆ミッション

❶環境権
人が快適な環境の中で生活する権利。

❷環境アセスメント
開発による環境への影響を調査し評価する。

❸自己決定権
自分の生き方を自分で決定する権利。

❹知る権利
国などが持つ情報の公開を求める権利。

❺情報公開制度
国や地方公共団体に情報公開を求める制度。

❻プライバシーの権利
個人の私生活や秘密を公開されない権利。

❼マスメディア
大人数に伝える手段。

❽個人情報保護制度
個人情報が外部に流出することを防ぐ制度。

❾世界人権宣言
世界に向けて人権の保障を示した宣言。

❿国際人権規約
世界人権宣言を条約化したもの。

⓫女子差別撤廃条約
女子差別をなくすことを目的とした条約。

3節　これからの人権保障

⏱30分

/100点

1 右のカードを見て，次の問いに答えなさい。　　　　10点×6〔60点〕

記述(1)　カードAのマンションは，どのようなつくりになっていると考えられますか。簡単に書きなさい

$$\left(\right)$$

> **カードA**
> 私の住むマンションは，環境権(かんきょうけん)の中の日照権(にっしょうけん)に配慮したつくりになっている。

> **カードB**
> 病気の治療法(ちりょうほう)について，お医者さんから2種類を提案され，よく話を聞いたうえで片方に決定した。

> **カードC**
> 公園に防犯カメラを設置する案に，住民から「映像が防犯以外の目的で使われるのでは」という意見が出た。

> **カードD**
> 市の花火大会でのお金の使い道について疑問があったので，市長に情報公開を請求(せいきゅう)した。

(2)　カードBについて，次の問いに答えなさい。

①　関係の深い語句を，次から選びなさい。　　（　　）

ア　インフォームド・コンセント

イ　臓器提供意思表示カード　　ウ　尊厳死・安楽死

②　①のア〜ウは，全て何という新しい人権にあてはまりますか。　（　　　　　　　）

よく出る(3)　カードCの下線部について，このとき侵害されるおそれのある権利を何といいますか。

（　　　　　　　）

(4)　カードDの制度の根拠となる新しい人権は何ですか。　（　　　　　　　）

(5)　カードA〜Dの権利は，日本国憲法では直接規定がありませんが，憲法13条のある権利に基づいています。この権利を◻︎から選びなさい。　　　　　　（　　　　　　　）

> 生存権　　請願権
> 幸福追求権

2 右の年表を見て，次の問いに答えなさい。　　　　10点×4〔40点〕

(1)　（　　）にあてはまる語句を書きなさい。

（　　　　　　　）

(2)　下線部aを受けて，日本で制定された法律を次から選びなさい。　　（　　）

ア　男女雇用機会均等法

イ　男女共同参画社会基本法

ウ　育児・介護休業法

年代	できごと
1948	世界人権宣言が採択される
1966	（　　）規約が採択される
1979	a 女子差別撤廃条約が採択される
2007	b 先住民族の権利に関する国連宣言が採択される

(3)　下線部bの翌年，日本でもある民族を先住民族とすることを求める決議が，国会で全会一致(いっち)で可決されました。その民族とは何ですか。　　（　　　　　　　）

よく出る(4)　国際的な人権保障を実現するために，国境をこえて活動する非政府組織のアルファベットの略称を書きなさい。　　（　　　　　　　）

第3章 現代の民主政治と社会

1節 現代の民主政治

1 政治と民主主義 教 p.78〜p.79

▶ 政治…社会の争いや対立を，公共の課題として調整していく。

● (❶　　　　　　　)…国民または国民が選んだ代表者が国民のために行う政治の在り方。基本的人権の尊重が不可欠。

▶ 民主主義の話し合う場や方法

● (❷　　　　　　　)…人々が直接話し合いに参加する政治。

● (❸　　　　　　　)(議会制民主主義)…選挙で選ばれた代表者が議会を作り，物事を話し合って決める政治。

● (❹　　　　　　　)の原理…より多くの人が賛成する意見を採用すること。少数意見の尊重が必要。

2 選挙の意義と仕組み 教 p.80〜p.81

▶ 民主主義を効果あるものにするために，一人一人の政治参加が必要。なかでも，選挙が重要。

▶ 選挙の基本原則(4原則)

● (❺　　　　　　　)…一定年齢(18歳)以上の全国民が選挙権を持つ。納税額や性別で制限されない。

● (❻　　　　　　　)…一人につき一票だけ投票できる。

● (❼　　　　　　　)…代表を直接選ぶ。

● (❽　　　　　　　)…投票先を他人に知られない。

▶ 選挙制度

選挙制度	長所や短所
(❾　　　　　　) 一つの選挙区で一人	議会で大政党が多数派をしめやすくなる。物事を決めやすくなるが，死票が多い。
(❿　　　　　　) 政党に投票→議席を配分	小政党も議席を得やすくなる。死票が少ないが，議会で物事を決めにくくなる。

▶ 衆議院と参議院の選挙

● 衆議院…小選挙区比例代表(⓫　　　　　　　　　)

→小選挙区制(定数289)と比例代表制(定数176)を組み合わせる。

● 参議院…選挙区制(一つまたは二つの都道府県単位，定数147)と比例代表制(全国を一つの単位，定数98)。3年ごとに半数改選。

満点★ミッション

❶**民主主義**
国民または国民が選んだ代表者が国民のために政治を行う。

❷**直接民主制**
スイスの一部の州で採用している。

❸**間接民主制**
議会制民主主義ともよばれる。

❹**多数決の原理**
少数意見の尊重が必要。

❺**普通選挙**
戦前は納税額や性別で制限されていた。

❻**平等選挙**
一人一票の投票。

❼**直接選挙**
代表を直接選ぶ。

❽**秘密選挙**
投票は無記名で。

❾**小選挙区制**
一選挙区で一人の代表を選ぶ。

❿**比例代表制**
得票に応じて各政党に議席を割りふる。

⓫**小選挙区比例代表並立制**
日本の衆議院議員選挙で採用されている。

③ 政党の役割 　教 p.82〜p.83

▶ (⑫　　　　　　　)…**政策**について同じ考えを持つ人々が作る。国民の意見を集約して政治に反映させたり，人材を育てたりする。

▶ (⑬　　　　　　　)…議員が**政党**を中心に活動し，複数の**政党**が議席を争う。→国によって，**二党制**(二大政党制)や**多党制**(三つ以上の主要な政党がある)などがある。

▶ (⑭　　　　　　　)…議会で多くの議席をしめる**政党**。→**与党**の党首が首相となり下線内閣を組織して**政権**を担う。

● (⑮　　　　　　　)…**複数の政党が内閣**を組織する政権。

▶ (⑯　　　　　　　)…**与党**の監視・批判を行う。

▶ 日本の政党政治

● 1955〜93年：自由民主党(自民党)が単独で政権を担当。

● 2009年まで：多様な組み合わせの連立政権の結成・解散が続く。

→2009年の総選挙で，民主党を中心とする連立政権に政権交代(それまでは自民党と公明党の連立政権)。

→2012年，**自民党**と公明党の連立政権に政権交代(〜2020年現在)。

▶ (⑰　　　　　　　)…政権を担当した時に実施する**政策**や，その実施方法などを約束したもの。選挙のときに**政党**が発表する。

④ マスメディアと世論 　教 p.84〜p.85

▶ (⑱　　　　　　　)…社会のさまざまな問題について，**多くの人々が共有している意見**→政府や政党の政策に影響。

● マスメディア…世論を形成する役割を持つ**新聞**や**テレビ**など。

▶ (⑲　　　　　　　)…マスメディアから発信される情報をさまざまな角度から批判的に読み取る能力。

● 近年はインターネットやSNSで情報を発信する政治家も多い。

⑤ 選挙の課題と私たちの政治参加 　教 p.86〜p.87

▶ 棄権(きけん)をする人の増加…**期日前投票制度**などの取り組み。

▶ (⑳　　　　　　　)…各選挙区の議員一人あたりの有権者数の大きなちがい。→最高裁判所は，日本国憲法の定める「法(もと)の下の平等」に反する**違憲状態**との判決を下す。

▶ 私たちの政治参加…選挙での投票の他，**利益団体**や**住民運動**への参加など。

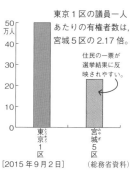

東京１区の議員一人あたりの有権者数は，宮城５区の2.17倍。

住民の一票が選挙結果に反映されやすい。

東京1区　宮城5区

[2015年9月2日]　(総務省資料)

満点★ミッション

⑫**政党**
同じ政治上の考えを持つ人がその実現を目的に組織。

⑬**政党政治**
政党を中心として動く政治。

⑭**与党**(よとう)
政権を担う政党。

⑮**連立政権**
複数の政党が内閣を組織する。

⑯**野党**
政権を担っていない政党。

⑰**政権公約**
選挙の時に政党が約束する政策。

⑱**世論**(せろん)
政策に影響をあたえる人々の意見。

⑲**メディアリテラシー**
マスメディアの情報を批判的に読み取る能力。

⑳**一票の格差**
選挙区によって一票の価値がちがうこと。

テストに出る！
予想問題　1節　現代の民主政治

⏱30分

/100点

1 次の文を読んで，あとの問いに答えなさい。　5点×5〔25点〕

> 　今日多くの国や地域で採られている政治のやり方は，<u>a国民やその代表者が国民のために行うやり方</u>である。このやり方で行われるためには，まず<u>b国民主権や基本的人権の尊重</u>が認められていなければならない。また，代表者が話し合って決める場として議会のある国では，<u>c国民が代表者を選び，代表者が議会で話し合って政治を行う。</u>話し合っても意見が一致しない場合は，一般的には<u>dより多くの人が賛成する意見を最後に採用する。</u>

(1) 下線部aについて，このことを何といいますか。　（　　　　　　　）

(2) 下線部bについて，次の文はこれら2つの原則のうちのどちらにあてはまりますか。

●国民やその代表者が行う政治は，自由な意見を発言する機会を，みんなが平等に認められていないと成り立たない。　（　　　　　　　）

(3) 下線部cの制度を，間接民主制とは別の語句で書きなさい。　（　　　　　　　）

(4) 下線部dについて，次の問いに答えなさい。

よく出る ① この原理を何といいますか。　（　　　　　　　）

② ①の方法を採る場合，結論を出す前に多数でない意見も十分に聞く必要があります。これを何といいますか。　（　　　　　　　）

2 次の問いに答えなさい。　5点×5〔25点〕

(1) 選挙の基本原則について誤っているものを，次から選びなさい。　（　　　）

ア　普通選挙…18歳以上の全ての国民に選挙権がある。

イ　平等選挙…一人一票の選挙権を持つ。

ウ　直接選挙…候補者に直接投票する。　　エ　秘密選挙…記名して投票する。

記述 (2) 右の図中のAの制度の特色について，「1つの選挙区から」の語句を用いて簡単に書きなさい。

（　　　　　　　　　　　　　　）

A 小選挙区制

a候補 b候補 c候補
（X党）（Y党）（Z党）
得票数　多い

B 大選挙区制
（定数2の場合）

a候補 b候補 c候補
（X党）（Y党）（Z党）
得票数　少ない

C
（定数3の場合）

得票数
X党
Y党
Z党
少ない

よく出る (3) 図中のCの制度は何ですか。　（　　　　　　　）

(4) 図中のAとCを併用した仕組みは，日本のどの選挙で行われていますか。　（　　　　　　　）

(5) 図中の□□で囲まれた，議席を獲得できなかった候補者や政党に投じられた票を何といいますか。

（　　　　　　　）

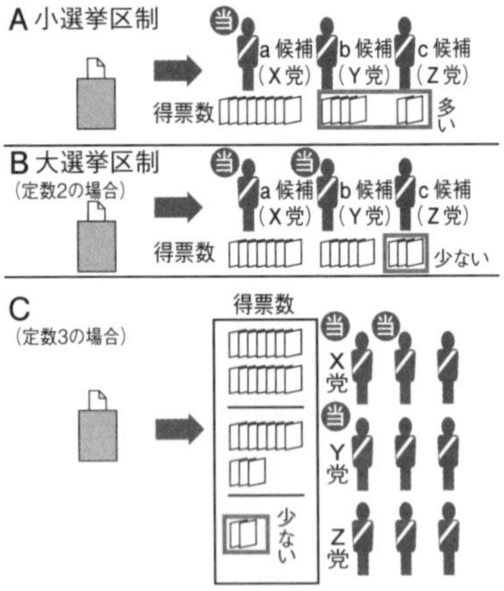

　ちょっとひといき　わからない問題はずっと悩まない！ 答えを見て，次は解けるようにしよう！

3 右の図を見て，次の問いに答えなさい。 5点×5〔25点〕

(1) 図中から与党<ruby>与党<rt>よとう</rt></ruby>とされる政党を全て選び，アルファベットの記号で書きなさい。 （　　　　　　）

(2) (1)で選ばなかった，与党以外の政党は何とよばれますか。 （　　　　　　）

(3) 日本では，与党のリーダーを中心に何が組織されますか。 （　　　　　　）

(4) 図中の X は，選挙のときに政党が発表する，政治の理念や政権を担当したときに実施する予定の政策です。これを何といいますか。 （　　　　　　）

(5) この図を説明したものとして正しいものを，次から選びなさい。 （　　）

ア この図では二党制が実現している。　イ この図では連立政権が成立している。

ウ この図の選挙で政権交代が行われている。

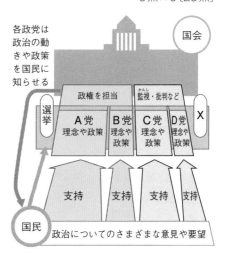

4 次の問いに答えなさい。 5点×3〔15点〕

(1) 社会のさまざまな問題について，多くの人々によって共有されている意見を何といいますか。 （　　　　　　）

(2) (1)の形成に大きな役割を果たす，新聞やテレビといった情報源を何といいますか。 （　　　　　　）

(3) (2)の情報を読み取る力や姿勢について誤っているものを，次から選びなさい。

ア 同じ出来事も報道の仕方で全くちがう印象を受けることがある。 （　　）

イ 新聞には事実を述べた部分の他に記事を書いた人の意見を述べた部分がある。

ウ インターネットやSNSの情報は，新聞やテレビに比べて信頼できることが多い。

エ (2)の情報を批判的に読み取る力を，メディアリテラシーという。

5 次の問いに答えなさい。 5点×2〔10点〕

記述(1) 投票率と年齢<ruby>年齢<rt>ねんれい</rt></ruby>にはどのような傾向が見られますか。右の資料を見て簡単に書きなさい。

（　　　　　　　　　　　　）

▼**年齢別投票率**(総務省資料)

※年齢別の数値は全国から抽出して調査したもの。
ただし，10歳代のみ全数調査による数値。

(2017年10月総選挙)

全体53.7

10歳代	20歳代	30歳代	40歳代	50歳代	60歳代	70歳代以上
40.5	33.9	44.8	53.5	63.3	72.0	60.9

(2) 選挙区によって，選出議員一人あたりの有権者数にちがいがあることで，違憲判決も出ている問題を何といいますか。5文字で書きなさい。 （　　　　　　）

第3章 現代の民主政治と社会

2節 国の政治の仕組み①

満点ミッション

❶国会
　法律を定める機関。

❷国権の最高機関
　国民（主権者）が直接
選んだ議員が組織す
る国会が最も重要。

❸衆議院
　被選挙権は25歳以上。

❹参議院
　被選挙権は30歳以上。

❺常会（通常国会）
　毎年開かれ，国会審
議の中心となる。

❻本会議
　議員全員が出席する。

❼衆議院の優越
　衆議院は任期が短く
解散があり，国民の
意見を反映しやすい
ため。

❽行政
　政策を実施すること。

❾内閣総理大臣
　行政権の最高責任者。

❿国政調査権
　国会が政治全般につ
いて調査する権利。

---

1 国会の地位と仕組み　教 p.90〜p.91

▶ （❶　　　　　　）…国民が直接選んだ議員で構成される。

● （❷　　　　　　）…国の政治の中心である国会の地位を表す言葉。国会は，唯一の立法機関でもある。

▶ 二院制…慎重な審議により一方の議院の行きすぎを防ぐ。

● （❸　　　　　　）…任期4年，定数465人。解散がある。

● （❹　　　　　　）…任期6年，定数245人。（3人増員予定）

▶ 国会の種類

● （❺　　　　　　）…毎年1回，1月に召集される。

● 臨時会（臨時国会）…必要に応じて召集。

● 特別会（特別国会）…衆議院解散総選挙後に召集。

2 法律や予算ができるまで　教 p.92〜p.93

▶ 法律の制定（立法）…法律案は内閣か国会議員が作成。

● 数十名から成る委員会で審査→（❻　　　　　　）で採決。

▶ 予算の審議・議決
…国の収入の使い道を決める。

▶ （❼　　　　　　）
…両院の議決が不一致のとき，国民の意見とより強く結び付く衆議院の意見を優先する仕組み。

▼衆議院の優越

法律案の議決	衆議院で出席議員の3分の2以上の多数で再可決→法律に
予算の議決 条約の承認 内閣総理大臣の指名	両院協議会でも不一致→衆議院の議決が国会の議決に
予算の先議	衆議院で先に審議
内閣不信任の決議	衆議院のみで行える

3 行政を監視する国会　教 p.94〜p.95

▶ （❽　　　　　　）…内閣が政策を実施すること。

▶ 国会による行政の監視。

● （❾　　　　　　）（首相）の指名…国会議員の中から指名され，国務大臣を任命して内閣を組織する。

● 内閣が結んだ条約の承認。

● （❿　　　　　　）…証人喚問など国の政治についての調査。

▶ 憲法改正の発議…両院の3分の2以上の賛成で国会が発議。

テストに出る！
予想問題

2節　国の政治の仕組み①

⏰30分

/100点

1 次の日本国憲法の条文を読んで，あとの問いに答えなさい。　　　10点×4〔40点〕

> 第41条　国会は，国権の（　A　）機関であつて，国の唯一の（　B　）機関である。
>
> 第42条　国会は，a 衆議院及び参議院の両議院でこれを構成する。
>
> 第54条　①衆議院が解散されたときは，解散の日から40日以内に，衆議院議員の総選挙を行ひ，その選挙の日から30日以内に，b 国会を召集しなければならない。

よく出る (1)　A・Bにあてはまる語句を書きなさい。A（　　　　　　）　B（　　　　　　）

(2)　下線部aの仕組みを何といいますか。　　（　　　　　　　）

(3)　下線部bの国会を何といいますか。右の◻︎◻︎から選びなさい。
（　　　　　　　）

| 常会 | 臨時会 |
| 特別会 | 緊急集会 |

2 右の図を見て，次の問いに答えなさい。　　　　　　　　　　　　10点×6〔60点〕

(1)　図中のAに入る語句を書きなさい。
（　　　　　　）

(2)　次の文にあてはまる会を，図中から選びなさい。

▼法律のできるまで

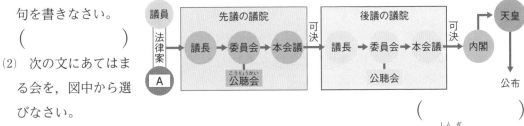

（　　　　　　　）

　●分野別に数十人の国会議員で作る会で，法律案や予算の内容をくわしく審議する。

(3)　法律案の審議では，衆議院と参議院で異なる議決がされることがあります。

①　衆議院で可決された法律案が参議院で否決された後の手続きとして正しいものを，次から選びなさい。　　　　　　　　　　　　　　　（　　　）

　ア　衆議院が出席議員の3分の2以上で再可決すると，法律となる。

　イ　両院協議会が開かれ，意見が一致しない場合は，法律となる。

　ウ　衆議院から内閣不信任案が提出される。

記述 ②　衆議院の優越が認められている理由を，「任期」「解散」の語句を用いて簡単に書きなさい。（　　　　　　　　　　　　　　　　　　　　　　　　　　）

(4)　証人喚問のように，国会が政治全般について調査する権限を何といいますか。
（　　　　　　　）

(5)　外国と結ぶ条約については，国会と内閣が，「締結」「承認」のいずれかを担当します。国会が担当するのはどちらですか。　　　　　　　（　　　　　　　）

2節 国の政治の仕組み②

テストに出る！ ココが要点　解答 p.7

満点★ミッション

❶内閣
行政の各部門を指揮監督する。

❷内閣総理大臣
内閣を主導する大臣。

❸国務大臣
外務大臣・環境大臣など府省の長になる。

❹議院内閣制
内閣が国会の信任に基づいて成立し、国会に連帯責任を負う制度。

❺総辞職
内閣総理大臣と国務大臣が全員辞職すること。

❻内閣不信任の決議
衆議院が議決→内閣は衆議院を解散するか総辞職する。

❼公務員
国家公務員と地方公務員から成る。

❽財政
政府の経済活動。

❾行政改革
行政の効率化を目指して行われている。

1 行政の仕組みと内閣　　教 p.96〜p.97

▷ 行政…（❶　　　　　　）を中心に行政機関の仕事を指揮監督し、**法律で定められたこと**を実施する。
　例）法律案や予算の作成、条約の締結、最高裁判所長官の指名。

▷ 内閣の組織…（❷　　　　　　　）（首相）とその他の
（❸　　　　　　　　）で組織する。閣議で行政の運営を決める。
　⇒国務大臣…**外務大臣、財務大臣**など。過半数は国会議員。

▷ （❹　　　　　　　　）…
内閣は**国会の信任**のもと成立し、国会に対して**連帯して責任**を負う。

● 衆議院の総選挙⇒内閣は（❺　　　　　　　）

● （❻　　　　　　　）の決議…内閣は**10日以内**に衆議院の解散をするか、総辞職する。

● 国会と内閣はたがいに抑制し、均衡を保っている。

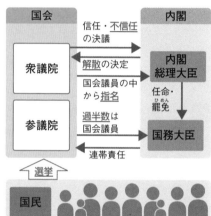

国会　内閣
信任・不信任の決議
衆議院
参議院
解散の決定
国会議員の中から指名
過半数は国会議員
連帯責任
内閣総理大臣
任命・罷免
国務大臣
選挙
国民

▷ アメリカの大統領制…議会と大統領の権限が明確に分かれる。

2 行政の役割と行政改革　　教 p.98〜p.99

▷ （❼　　　　　　　）…行政の仕事を実行する役割を果たす。
　→「全体の奉仕者」であって一部の人々の奉仕者ではない。

▷ （❽　　　　　　　）…国民や住民から集めた税金の収入をもとに、政府が行う経済活動。

▷ 小さな政府…安全保障や治安維持など、**最小限の役割**にとどまる政府。⇔大きな政府…社会保障や教育など、**様々な仕事をする**政府。

▷ 日本の行政の問題点

● 「縦割り行政」…行政全体よりも各行政機関の利益を優先。

● 政府の支出が収入を上回る。
⇒（❾　　　　　　　）…**簡素で効率的**な行政を目指して進められてきた。（例）自由な経済活動をうながす規制緩和など。

テストに出る！
予想問題

2節　国の政治の仕組み②

⏱ 30分

/100点

1 右の図を見て，次の問いに答えなさい。　　　　　　　　　　10点×6〔60点〕

(1) 図中の内閣について，次の問いに答えなさい。

① 内閣総理大臣は別名で何とよばれますか。漢字
2字で書きなさい。　　　　　（　　　　　　　　）

② 内閣が政治の運営について話し合う会議を何と
いいますか。　　　　　　　　（　　　　　　　　）

記述 ③ 図中の□にあてはまる国務大臣の条件を，国
会との関係から簡単に書きなさい。

（　　　　　　　　　　　　　　　　　　　）

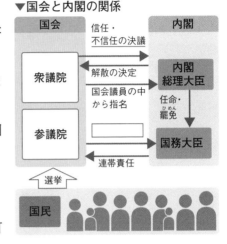

▼国会と内閣の関係

よく出る (2) 下線部について，衆議院で内閣不信任の決議が可
決された場合，内閣は衆議院の解散を行わなければ，何をしなければなりませんか。

（　　　　　　　　）

よく出る (3) 右の図のように，内閣が国会の信任のもとに成立し，国会に対して連帯責任を負う仕組
みを何といいますか。　　　　　　　　　　　　　　　（　　　　　　　　）

(4) 内閣の仕事として誤っているものを，次から選びなさい。　　　　（　　　）

ア　予算の作成　　イ　弾劾裁判　　ウ　国事行為への助言と承認　　エ　法律の執行

2 次の問いに答えなさい。　　　　　　　　　　　　　　　　　10点×4〔40点〕

(1) 公務員が一部の人々のためではなく，国民全体のために働
く存在であることを，憲法ではどのような言葉で表現してい
ますか。　　　　　　　　　　　（　　　　　　　　）

(2) 右の図は政府の在り方についての2つの形を示したもので
す。Aのような政府を何といいますか。（　　　　　　　　）

(3) 政府の役割が広がりすぎたことの反省から，無駄がない効
率的な行政を目指す動きがあります。

① このような動きを何といいますか。（　　　　　　　　）

② ①の例として正しいものを，次から選びなさい。

（　　　）

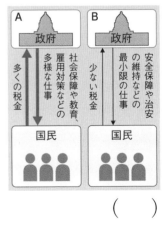

ア　省庁ごとの仕事を明確に分けた，縦割り行政が進められている。

イ　通信や鉄道，郵政などの国民生活にかかわる仕事は国営化された。

ウ　許認可権を見直して自由な経済活動をうながす，規制緩和が行われた。

2節　国の政治の仕組み③

テストに出る！ **ココが要点**　解答 p.8

1 裁判所の仕組みと働き　教 p.100〜p.101

▶ (❶　　　　　　　)（裁判）…法に基づいて争いを解決すること。

　● 裁判所…司法を担当する。

▶ 裁判所の種類…(❷　　　　　　　)と下級裁判所。

　● 下級裁判所…高等裁判所，地方裁判所，家庭裁判所，簡易裁判所。

　　→(❸　　　　　　　)は第二審の裁判を行うことが多い。

▶ (❹　　　　　　　)…一つの内容について3回まで裁判を受けられる制度。裁判を慎重に行い，人権を守る。

　● 第一審に不服→(❺　　　　　　　)→第二審に不服→
(❻　　　　　　　)→最高裁判所での第三審。

▶ 司法権の(❼　　　　　　　)…裁判所や裁判官の公正中立を守る。

　● 裁判官は自らの良心に従い，憲法と法律だけにしばられる。

　　→国会や内閣は裁判所に干渉してはならない。

2 裁判の種類と人権　教 p.102〜p.103

▶ 民事裁判と刑事裁判のちがい

	(❽　　　　)裁判	刑事裁判
対象	私人間の争い	犯罪行為
訴える人	原告	(❾　　　　)
訴えられる人	(❿　　　　)	犯罪の疑いのある被疑者が起訴される→被告人
判決	勝訴・敗訴	有罪（刑罰）・無罪
特徴	法に基づく判決のほか，合意（和解）をうながす。行政裁判…国や地方公共団体に対する裁判。	罪刑法定主義…犯罪行為や刑罰は，あらかじめ法律によって定められていなければならない。

▶ 裁判と人権保障

　● 刑事裁判では，警察や検察の捜査に行きすぎがないよう，被疑者・被告人の権利が日本国憲法に基づいて保障されている。

　　⇒(⓫　　　　)による逮捕や捜索，拷問の禁止，黙秘権，
　国選(⓬　　　　)の依頼，公平で速やかな公開裁判。

満点ミッション

❶ **司法**
法に基づいて争いを解決すること。

❷ **最高裁判所**
司法の最終的な判断を下す裁判所。

❸ **高等裁判所**
全国8か所に設置。

❹ **三審制**
一つの事件で3回まで裁判を受けられる。

❺ **控訴**
第一審の判決に不服なときに申し立てる。

❻ **上告**
第二審の判決に不服なときに申し立てる。

❼ **司法権の独立**
裁判所が公正中立であるための原則。

❽ **民事裁判**
私人（個人や企業など）の間の争いの裁判。

❾ **検察官**
犯罪を捜査し，被疑者を起訴する。

❿ **被告**
民事裁判で訴えられた側。刑事裁判の被告人と混同注意。

⓫ **令状**
裁判官の出す命令書。

⓬ **弁護人**
刑事裁判で被告人の権利を守る。

　ココが要点の答えになります。

3 裁判員制度と司法制度改革 教 p.104～p.105

▶ (⑬   )改革…利用しやすい裁判制度にするために進められている改革。法テラスの設置など。

▶ (⑭   )制度…国民が刑事裁判に参加，裁判官とともに評議を行い，有罪・無罪や罪の重さを決める(評決)。

▶ (⑮   )…自白の強要など，行きすぎた捜査が原因で発生→やり直しの裁判で無罪になることも。

▶ 取り調べの可視化…捜査が適正に行われたかを確認するため，取り調べを録画・録音すること。

▶ 被害者参加制度…被害者が裁判で被告人や証人に質問できる。

4 三権の抑制と均衡 教 p.108～p.109

▶ (⑯   )…国の権力を三つに分け，それぞれ独立した機関に担当させる。権力が一つの機関に集中することを防ぐ。

▶ (⑰   )権…国会が持つ。
● 国会は(⑱   )裁判所を設けて，問題のある裁判官を辞めさせることができる(裁判所を抑制)。
● 国会は内閣総理大臣を指名する。また，衆議院は内閣不信任決議を行うことができる(内閣を抑制)。

▶ (⑲   )権…内閣が持つ。
● 衆議院を解散(国会を抑制)。
● 最高裁判所長官を指名する(裁判所を抑制)。

▶ 司法権…裁判所が持つ。
● (⑳   )制…国会の法律や内閣の命令が，違憲かどうかを裁判所が審査する(国会・内閣を抑制)。
→最終判断をする最高裁判所の別名は(㉑   )。

▶ 国民は，選挙・世論・国民審査によって三権に影響力を持つ。

満点★ミッション

⑬司法制度改革
裁判を利用しやすくするための改革。

⑭裁判員制度
国民が重大な刑事事件の裁判に参加。

⑮えん罪
無実の罪。死刑判決がくつがえったことも。

⑯三権分立(権力分立)
国の三つの権力がたがいに抑制し合い均衡を保つ。

⑰立法権
法律を作る権力。

⑱弾劾裁判所
裁判官を辞めさせるかを判断する場。

⑲行政権
政策を実行する権力。

⑳違憲審査制
法律などが憲法に違反していないか判断する制度。

㉑憲法の番人
最高裁判所の別名。

三権の抑制と均衡

内閣総理大臣の指名／内閣不信任の決議
立法権 国会
弾劾裁判所の設置
衆議院の解散／国会に対する連帯責任
法律の違憲審査
選挙
国民
世論／国民審査
行政権 内閣
最高裁判所長官の指名／その他の裁判官の任命
命令や規則，処分の違憲・違法審査／行政裁判の実施
司法権 裁判所

テストに出る！
予想問題

2節　国の政治の仕組み③

⏱30分　/100点

1 右の図を見て，次の問いに答えなさい。　　　　　4点×6〔24点〕

(1) 次の①・②にあてはまる語句を，右の図中からそれぞ
れ選びなさい。

① 地方裁判所で第一審が行われた刑事裁判が，最高裁
判所に訴えられるときの手続き。（　　　　　　）

② 民事裁判の第二審が地方裁判所で行われる裁判の，
第一審が行われた裁判所。　　（　　　　　　）

(2) 図中の□□にあてはまる裁判所の名前を書きなさい。
（　　　　　　）

(3) (2)をふくめて，最高裁判所以外の裁判所はまとめて何
とよばれますか。　　　　（　　　　　　）

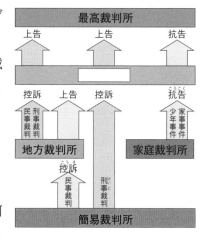

▮記述 (4) 右の図のように三審制が行われる理由を，「人権」の語句を用いて簡単に書きなさい。
（　　　　　　　　　　　　　　　　　　　　　　　　　　　　）

(5) 司法権の独立について誤っているものを，次から選びなさい。　　（　　　）

ア　裁判官は自分の良心に従い，憲法と法律にのみしばられる。

イ　裁判官の身分は保障されているが，国会によって辞めさせられることがある。

ウ　内閣は裁判への干渉が認められているが，国会は認められていない。

2 次の表を見て，あとの問いに答えなさい。　　　　　4点×6〔24点〕

民事裁判	訴えた人が（ A ），訴えられた人が被告となる。裁判官は双方の言い分を聞き，法に基づいて判決を下すほか，（ B ）をうながす。
刑事裁判	犯罪が起きると，<u>警察官と検察官が罪を犯した疑いのある人</u>を逮捕し，証拠を集める。容疑が固まると，この者を（ C ）として裁判所に（ D ）する。裁判官は有罪・無罪を判断し，有罪の場合は刑罰を言いわたす。

よく出る (1) A〜Dにあてはまる語句を□□から選びなさい。

A（　　　　　）　B（　　　　　）

C（　　　　　）　D（　　　　　）

和解	告発	起訴
原告	被告人	被疑者

(2) 下線部について，逮捕された人は答えたくない質問に答えを拒否したり，裁判で黙っている権利が認められています。これを何といいますか。　　（　　　　　　）

(3) 訴えられた人が費用が出せないときなどに国選弁護人がつけられるのは，民事裁判と刑事裁判のどちらですか。　　　　（　　　　　　）

3 右の図を見て，次の問いに答えなさい。 4点×5〔20点〕

(1) 図中の**A**にはどんな人たちが座りますか。

（　　　　　　　）

(2) (1)の制度や法テラスの設置などの一連の改革を何といいますか。 （　　　　　　　）

(3) 次の文中の**X〜Z**にあてはまる語句をそれぞれ書きなさい。

X（　　　　　　　） Y（　　　　　　　） Z（　　　　　　　）

●自白の強要など，行きすぎた捜査が原因で無実の人が罪に問われる（ **X** ）が起こっている。これを防ぐために取り調べの（ **Y** ）が行われている。一方で刑事事件が（ **Z** ）の気持ちに配慮して行われることも重要で，（ **Z** ）参加制度も設けられている。

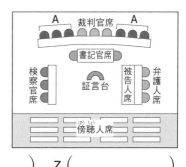

4 国の権力の関係を表した右の図を見て，次の問いに答えなさい。 4点×8〔32点〕

(1) 図中の**A〜E**にあてはまる語句を，右下の◻︎からそれぞれ選びなさい。

A（　　　　　　　）

B（　　　　　　　）

C（　　　　　　　）

D（　　　　　　　）

E（　　　　　　　）

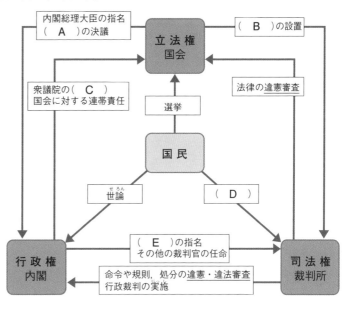

(2) 下線部の違憲審査制について，最終的に判断する権限を持つことに由来する，最高裁判所の別名を書きなさい。

（　　　　　　　）

(3) 図のように国の権力を三つに分け，それぞれ独立した機関に担当させる仕組みを何といいますか。

（　　　　　　　）

(4) 図のような仕組みは，どのような目的で作られていますか。「集中」の語句を用いて次の出だしに続けて簡単に書きなさい。

内閣不信任	優越
国民審査	行政裁判
簡易裁判所	解散
最高裁判所長官	国務大臣
弾劾裁判所	国民投票

●この仕組みは，三つの権力がたがいに行きすぎを抑制し合い，均衡を保つことによって，

（　　　　　　　　　　　　　　　　　　　　　　　　　　　　　　）

第3章 現代の民主政治と社会

3節 地方自治と私たち

1 私たちの生活と地方自治　教 p.110～p.111

▶ (❶　　　　　　　　)(地方自治体)…都道府県，市町村，特別区など，地域を運営していく場。

▶ (❷　　　　　　　　)…地域の政治は住民自身が運営するという原則。

● 「民主主義の(❸　　　　　　　　)」…住民の生活に身近な民主主義を行う場であることから。

▶ 地方公共団体の仕事…国との役割分担がある。

● 市(区)町村の仕事…公立小・中学校の設置，ごみの収集など。

● 都道府県の仕事…道路などの管理，公立高校の設置，警察など。

● 国の仕事…外交，防衛，司法など。

▶ (❹　　　　　　　　)…仕事や財源を国から地方に移すこと。

→1999年に地方分権一括法が成立。

2 地方自治の仕組み　教 p.112～p.113

▶ (❺　　　　　　　　)…地方公共団体に置かれた議会。都道府県議会と市(区)町村議会。

● 地方議会の仕事…(❻　　　　　　　　)の制定や予算の議決など。

◇ 条例…法律の範囲内で制定できる独自の法。

▶ (❼　　　　　　　　)…地方公共団体の長。都道府県知事と市(区)町村長。

● (❽　　　　　　　　)…住民が2種類の代表(首長と議員)を選挙する制度←国の政治では国会議員のみを選ぶ。

● 首長の仕事…予算や条例の実行，税金の徴収など。

▶ 首長と議会の関係…たがいに抑制し合い均衡を保つ。

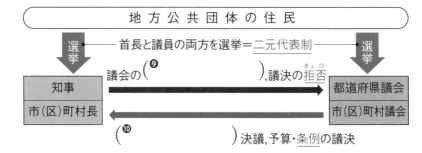

地方公共団体の住民

選挙　──首長と議員の両方を選挙＝二元代表制──　選挙

議会の(❾　　　　　　)，議決の拒否

知事 / 市(区)町村長　　　都道府県議会 / 市(区)町村議会

(❿　　　　　　)決議，予算・条例の議決

満点ミッション

❶ 地方公共団体
都道府県，市町村，特別区など。

❷ 地方自治
地域の政治を住民が運営すること。

❸ 民主主義の学校
地方自治を通して民主主義を学ぶことから。

❹ 地方分権
仕事や財源を国から地方に移すこと。

❺ 地方議会
地方公共団体の議決機関。

❻ 条例
地方公共団体独自の決まり。

❼ 首長（しゅちょう）
地方公共団体の長。

❽ 二元代表制
住民が，首長と地方議員の2種類の代表を選ぶこと。

❾ 議会の解散
❿に対し，首長が持つ権限。

❿ 不信任決議
首長が信頼できないとき，議会が行える。

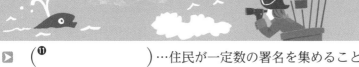

▶ (⑪　　　　　　　　)…住民が一定数の署名を集めることで，
地方自治への要求の実施を求める権利←**直接民主制**の考え。

● **条例**の改廃や**監査**の請求…有権者の**50分の1以上**の署名。

● **首長の解職や議会の解散(リコール)**…有権者の**3分の1以上**。

3 地方公共団体の課題　　　　　　　　教 p.114〜p.115

▶ (⑫　　　　　　　　)…地方公共団体の**経済活動**のこと。

▶ **歳出**…国や地方公共団体の一年間の**支出**。

▶ **歳入**…国や地方公共団体の一年間の**収入**。

● (⑬　　　　　　　)…地方公共団体が**独自に集める**財源。
(⑭　　　　　　　)などがある。

● **依存財源**…**自主財源でまかなえない分を補う**財源。
◇ (⑮　　　　　　)…地方公共団体間の**財政格差**をおさえ
るため，国が配分する。
◇ (⑯　　　　　　)…教育や道路整備など，**特定の費用**の
一部を国が負担する。
◇ (⑰　　　　　　)…地方公共団体の**借金**。

▶ **自治体財政健全化法**(2007年)…**財政難**に苦しむ地方公共団体の
改善・立て直しを図る。

▶ (⑱　　　　　　　)…**少子化**や都市への**人口移動**で人口減少。
● **若者の働く場所を増やすための支援**
● **都市の人々に地方への移住をすすめる**
}**地方創生**の試み

▶ **市町村合併**による効率化…「**平成の大合併**」(1999年〜2010年)。

4 住民参加の拡大と私たち　　　　　　教 p.116〜p.117

▶ (⑲　　　　　　　)…地域の重要な問題について，住民全体
の意思を明らかにするために行う。

▶ 地方公共団体が，政策について住民の意見を聞き，議論を求め
る場合もある。**情報公開制度**を整備するところも増えた。

▶ 住民運動の例
● **自治会**(町内会，町会)の地域づくり
● 住民による**ボランティア**活動
● (⑳　　　　　　)(**非営利組織**)の活動
→**特定非営利活動促進法(NPO法)**(1998年)で活動を支援。

▶ 地域社会のかかえる問題
● **少子高齢化**，**保育所**や**介護施設**の不足など。

テストに出る！
予想問題

3節　地方自治と私たち

⏱30分　/100点

1 次の問いに答えなさい。 4点×5〔20点〕

(1) 地方公共団体には，都道府県や市町村のほかに，東京都に置かれ，市とほぼ同じ権限を持つ（　　）があります。（　）にあてはまる語句を書きなさい。（　　　　　）

(2) 住民が身近な政治に参加することによって民主主義を学ぶことから，地方自治は何とよばれますか。（　　　　　）

(3) 地方公共団体が行う次の4つの仕事のうち，市(区)町村よりも都道府県が行うことが多いものを2つ選びなさい。（　　）（　　）

ア　小・中学校の設置　　イ　高等学校の設置　　ウ　警察　　エ　ごみの収集

(4) 国の仕事や財源を地方に移し，独自の活動を行えるようにするため，1999年に成立した法律を何といいますか。（　　　　　）

2 右の図を見て，次の問いに答えなさい。 (2)は6点，他は4点×5〔26点〕

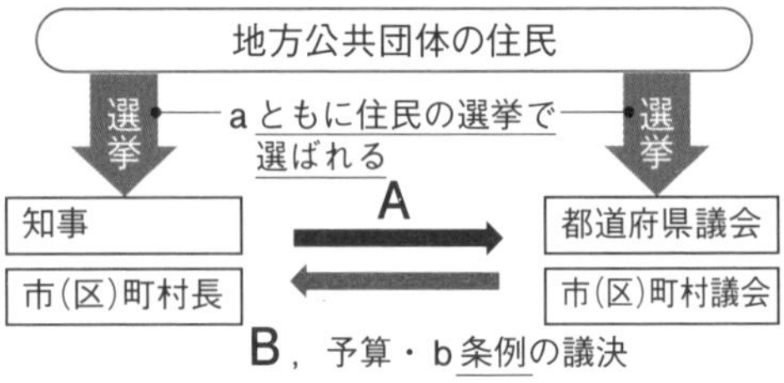

(1) 下線部aについて，次の問いに答えなさい。

① このように，2種類の代表を選ぶ制度を何といいますか。（　　　　　）

② 被選挙権をあたえられる年齢は役職によって異なります。次のうち，30歳以上から被選挙権があたえられる役職を全て選びなさい。

ア　市(区)町村議会議員　　イ　市(区)町村長
ウ　都道府県議会議員　　エ　都道府県知事
（　　　　　）

```
地方公共団体の住民
選挙 ← aともに住民の選挙で選ばれる → 選挙
知事 / 市(区)町村長    A →    都道府県議会 / 市(区)町村議会
B，予算・b条例の議決
```

記述(2) 下線部bについて，条例とはどのようなものですか。「法律」の語句を用いて簡単に書きなさい。
（　　　　　　　　　　　　　　）

よく出る(3) A・Bについて，次の問いに答えなさい。

① Aについて，次の文中のX・Yにあてはまる語句を，あとからそれぞれ選びなさい。 X（　）Y（　）

●首長は議会の決定に対して（　X　）や議会の（　Y　）を持っている。（　X　）により，議会に再審議を求めることができる。

ア　拒否権　　イ　議決権　　ウ　解任権　　エ　解散権　　オ　請求権

② 議会がBを行ったとき，首長は辞職するか議会を解散しなければなりません。Bにあてはまる語句を書きなさい。（　　　　　）

ちょっとひといき　がんばってもがんばれない日はだれにでもある！早めに寝て明日がんばろう！

3 右の表を見て，次の問いに答えなさい。

4点×6〔24点〕

(1) 表中の**A・B**にあてはまる語句をそれぞれ書きなさい。　A（　　　　　　）

　　　　　　　　　　　　　　　　B（　　　　　　）

(2) 表中の**C**にあてはまるものを，次から選びなさい。　　（　　　）

　　ア　3分の1　　　イ　5分の1

　　ウ　30分の1　　　エ　50分の1

請求の種類	必要な署名数	請求先
（ **A** ）の制定・改廃の請求	有権者の50分の1以上	首長
監査請求		監査委員
議会の解散請求	有権者の（ **C** ）以上	（ **D** ）
首長・議員の（ **B** ）請求		

(3) 表中の**D**にあてはまる請求先を，次から選びなさい。　　　　　　　　　　　　　（　　　）

　　ア　選挙管理委員会　　　イ　首長　　　ウ　監査委員　　　エ　地方議会

よく出る (4) この表に示したような，住民が地方の政治にかかわる権利を何といいますか。

（　　　　　　　　　　）

(5) (4)のうち，表中の▨▨▨の請求をとくに何といいますか。カタカナで書きなさい。

（　　　　　　　　　　）

4 右のグラフを見て，次の問いに答えなさい。

(5)は6点，他は4点×6〔30点〕

(1) 国や地方公共団体の一年間の収入を何といいますか。（　　　　　　　　）

よく出る (2) グラフは地方財政の(1)を表したものです。**A**にあてはまる，地方公共団体が徴収する税をまとめて何といいますか。（　　　　　　　　）

(3) グラフ中の▨▨▨は，地方公共団体が自力でまかなえない分を補う財源です。

　① この財源を何といいますか。

（　　　　　　　　）

　② 教育や道路の整備などの特定の仕事の費用を国が一部負担するものを，ここから選びなさい。（　　　　　）

　③ (2)の収入が少ない地方公共団体ほど大きな割合で国から配分されるものを，ここから選びなさい。（　　　　　）

▼地方財政の仕組み

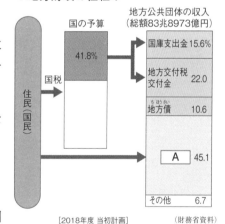

[2018年度 当初計画]　（財務省資料）

(4) 近年，地方では少子化や都市への人口流出により人口が減り，地域の生活が不便になるなどの問題が起こっています。これを何といいますか。（　　　　　　　　）

記述 (5) (4)への対策として「地方創生」があります。この例について，簡単に書きなさい。

（　　　　　　　　　　　　　　　　　　　　　　　　　　　）

第4章 私たちの暮らしと経済

1節 消費生活と市場経済

テストに出る！ **ココが要点** 解答 p.10

1 私たちの消費生活 　　教 p.130〜p.131

▶ （**❶** 　　　　　）…食品や衣類など，形のある商品。

⇔（**❷** 　　　　　）…電車に乗ることなど，形のない商品。

▶ （**❸** 　　　　　）…生産と消費という活動を通じて暮らしを豊かにする仕組み。

▶ （**❹** 　　　　　）…家族や個人など，消費生活を営む単位。

家計は収入（会社からもらう給与収入，個人のお店は事業収入，土地や家賃などの財産収入）を得て，さまざまな目的に支出する。

▶ （**❺** 　　　　　）…衣食，娯楽，教育，医療などの財やサービスに対する支出。

▶ （**❻** 　　　　　）…収入から，消費支出と税金や社会保険料などを差し引いた残り。将来の支出の備えになる。

▶ 人間の欲求は無限だが，限られた収入と時間の中で，本当に必要な商品を選択していかなければならない。

→「（**❼** 　　　　　）がある」…求める量に対して財やサービスの量が不足した状態のこと。

▶ 現金以外の支払い方法…電子マネー，プリペイドカード，クレジットカードなど。

●クレジットカード…手元に現金がなくても商品を購入でき，代金は後払いとなる。計画的な消費生活を営まなければならない。

2 契約と消費生活 　　教 p.132〜p.133

▶ （**❽** 　　　　　）…消費者が自分の意思と判断で適切な商品を選び出し，購入できるということ。

▶ （**❾** 　　　　　）…売る側と買う側の間の売買の合意。

▶ （**❿** 　　　　　）…私たちの社会では，だれと，どのような内容の契約を結ぶのかは基本的に自由である。

▶ 一度契約を結ぶと，結んだ当事者には互いにそれを守る義務が生じる。契約を結ぶ時は，内容を慎重に検討しなければならない。

▶ （**⓫** 　　　　　）…商品を売買するとき，消費者が売る側に対して不利な立場であることから，消費者が不利益をこうむる問題。（例）医療品や食品による健康被害，欠陥住宅，詐欺など。

満点 ミッション

❶財
形のある商品。

❷サービス
形のない商品。

❸経済
生産と消費を通じて暮らしを便利で豊かにする仕組み。

❹家計
消費生活を営む単位。

❺消費支出
生活に必要な財やサービスに対する支出。

❻貯蓄
預金や証券など，将来への蓄え。

❼希少性
財やサービスが求める量に満たない状態。

❽消費者主権
消費者が自分で適切な商品を選ぶこと。

❾契約
当事者間での合意。

❿契約自由の原則
個人の意思で自由に契約できること。

⓫消費者問題
健康被害，欠陥住宅，詐欺など。

3 消費者の権利を守るために 教 p.134〜p.135

▶ （⑫　　　　　　　　　）…消費者問題の深刻化によって生まれた権利。1962年，アメリカのケネディ大統領が「四つの権利」（安全を求める権利，知らされる権利，選択する権利，意見を反映させる権利）を提唱→消費者行政に大きな影響。

▶ 消費者保護

● （⑬　　　　　　　　）法…1968年制定。日本の消費者政策の基本理念を定めた法律。

● （⑭　　　　　　　　）…各地方公共団体に設置。消費者相談や情報提供を行う。

● （⑮　　　　　　　　）制度…訪問販売や電話勧誘での購入後8日以内であれば，消費者側から無条件で契約を解除できる。

● （⑯　　　　　　　　）(PL) 法…欠陥商品で消費者が被害を受けたときの企業の責任について定めた法律。

● （⑰　　　　　　　　）法…契約上のトラブルから消費者を保護する法律。

▶ 消費者保護基本法は2004年に（⑱　　　　　　　　）法へと改正。消費者の権利を明記し，国や地方公共団体が消費者を支援する責務があると定めた。

▶ 消費者は権利とともに責任を負う→自立した消費者を目指す。知識や情報を得て，適切に判断していく必要がある。

4 消費生活を支える流通 教 p.138〜p.139

▶ （⑲　　　　　　　　）…生産された商品が，卸売業者や小売業者を経て消費者に届くまでの流れ。

▶ （⑳　　　　　　　　）…商品の流通を専門的に行う産業。卸売業，小売業など。

▶ 生産地と消費地は離れていることが多いため，手間や費用（コスト）を省くうえでも，商業の役割は大きい。

▶ （㉑　　　　　　　　）には，労力を省き，流通費用をおさえるための工夫が欠かせない。流通の仕組みが複雑では，非効率。

（例）大規模小売業者が，生産者から直接商品を仕入れる。

▶ 情報通信技術
(ICT) の発達…
● コンピューターによる物流の一体的な管理。
● POSシステム（販売時点情報管理）。
● インターネット・ショッピング。　など。

満点 ★ ミッション

⑫**消費者の権利**
消費者問題の深刻化から生まれた権利。

⑬**消費者保護基本法**
日本の消費者政策の基本理念を定めた法律（1968年制定）。

⑭**消費生活センター**
消費者相談や情報提供を行う機関。

⑮**クーリング・オフ**
消費者側から契約を解除できる制度。

⑯**製造物責任法(PL法)**
欠陥商品で消費者が被害を受けたときの企業の責任を定めた法。

⑰**消費者契約法**
契約上のトラブルから消費者を守る法律。

⑱**消費者基本法**
消費者保護基本法の改正後の名称。

⑲**流通**
商品が消費者に届くまでの流れ。

⑳**商業**
商品の流通を専門的に行う産業。

㉑**流通の合理化**
流通の労力や費用を省くための工夫。

テストに出る！
予想問題

1節　消費生活と市場経済

🕐30分

/100点

1 次の文を読んで，あとの問いに答えなさい。　　　　　　　4点×8〔32点〕

> 　私たちは，日常生活でさまざまな商品を購入する。商品は，形のある（　A　）と，a形のないサービスに分けられる。b家庭や個人が得た収入は，これらの商品を中心にさまざまな目的のために c支出される。人々が求める量に対して，Aやサービスの量が不足した状態を，「d希少性がある」という。収入と支出の活動を通じて消費生活は営まれており，経済活動の単位としての家族や個人を（　B　）という。

(1)　A・Bにあてはまる語句を書きなさい。A（　　　　　　　）　B（　　　　　　　）

(2)　下線部aの例として，誤っているものを次から選びなさい。　　　　（　　　）

　ア　英会話スクールでの英語のレッスン　　イ　映画館で映画を鑑賞
　ウ　コンビニエンスストアで弁当を購入

給与収入	
事業収入	
財産収入	

(3)　下線部bについて，所有している土地を駐車場として貸して得た収入は，□のどれにあてはまりますか。　　　　　　　　（　　　　　　　）

(4)　下線部cについて，次の問いに答えなさい。

消費支出	食料		50,000円
	ア	住居	60,000円
	イ	光熱・水道	8,000円
	ウ	交通・通信	30,000円
	エ	税金・社会保険料	60,000円
預金・株式購入			40,000円

①　右の表はある家庭の1か月間の支出の一部を示したものです。消費支出にあてはまらないものを，ア～エから選びなさい。（　　　）

②　表中の〜〜〜線部を漢字2字で何といいますか。　　　　　　（　　　　　）

よく出る ③　現金以外の代金支払いにはどんなものがありますか。1つ書きなさい。　　　　　　（　　　　　　　）

記述 (5)　下線部dについて，空気の希少性が高くなる状況の例を簡単に書きなさい。

（　　　　　　　　　　　　　　　　　　　　　　　　　　　　　　　　　）

2 次の問いに答えなさい。　　　　　　　　　　　　　　4点×8〔32点〕

(1)　消費者が自分の意思と判断によって商品を購入するという考え方を何といいますか。

（　　　　　　　　　）

(2)　消費者問題にあてはまらないものを，次から選びなさい。　　（　　　）

　ア　食品表示に誤った情報が書かれていたため，アレルギー症状が起こった。

　イ　同じ服をちがう店で安売りしていることを知らずに，1000円高く買ってしまった。

　ウ　購入したマンションで手ぬき工事が行われていたため，再工事が必要になった。

　　　ちょっとひといき　1時間ずつ，30分ずつ，時間を区切って勉強すると集中力UP！

よく出る (3) 右の資料は，1962年にアメリカのケネディ大統領が提唱した「消費者の四つの権利」です。A・Bにあてはまる語句を書きなさい。　A（　　　　　　　）　B（　　　　　　　）

①（　A　）を求める権利
②知らされる権利
③（　B　）する権利
④意見を反映させる権利

(4) 次の①〜③にあてはまる語句を，□から選びなさい。

① 違法な契約は，契約締結から5年以内で違法と気づいてから1年以内であれば取り消せる。　（　　　　　　　）

② 訪問販売や電話勧誘などで購入した場合，8日以内であれば無条件で契約を解除できる。　（　　　　　　　）

③ 欠陥商品で消費者が被害を受けたとき企業は賠償の責任を持つ。　（　　　　　　　）

クーリング・オフ
消費者契約法
製造物責任法

記述 (5) 私たちは，自立した消費者として，権利だけでなく責任も負っています。右の図のラベルがついた商品を使うことは，どのような責任を果たしていますか。簡単に書きなさい。

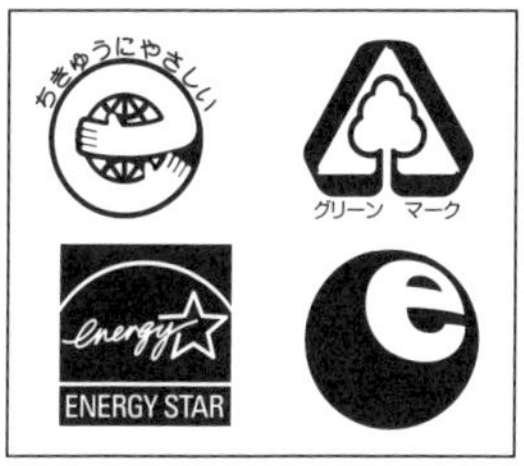

（　　　　　　　　　　　　　　　　　　　　　）

3 右の図を見て，次の問いに答えなさい。　　4点×9〔36点〕

よく出る (1) A・Bにあてはまる語句を書きなさい。

A（　　　　　　　）
B（　　　　　　　）

直接仕入れ
卸売市場
産地出荷業者
大規模 B
農家（生産者）
A
せり
仲卸業者
B
消費者
集荷団体

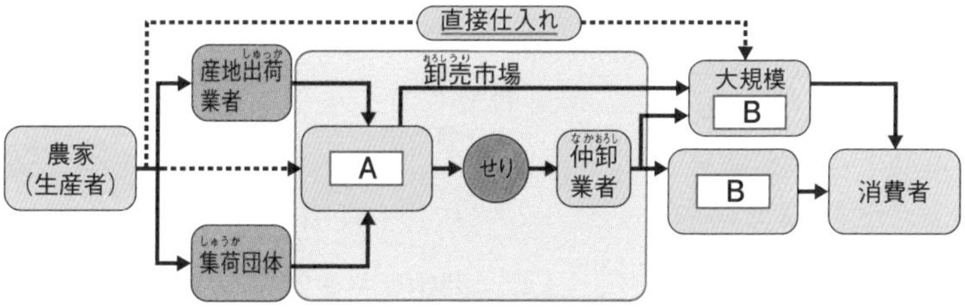

(2) 右の図にあるような，流通を専門的に行う産業を何といいますか。　（　　　　　　　）

(3) 流通業にかかわる業者について，次の①・②にあてはまる業者を□からそれぞれ選びなさい。

広告業　　保険業
倉庫業　　運送業

① 商品を運ぶなど，図中の矢印をつなぐ役割を担っている。

② 商品を保管する役割を担っている。　①（　　　　　　　）　②（　　　　　　　）

記述 (4) 下線部の「直接仕入れ」は近年流通量が増えてきています。その理由を，「流通の合理化」という語句を用いて，簡単に書きなさい。

（　　　　　　　　　　　　　　　　　　　　　）

(5) 次の①〜③の□にあてはまるアルファベット略称を□からそれぞれ選びなさい。

① 製造物責任法の略称…「□法」

② お店で読み取ったバーコードの商品情報を管理する仕組み…「□システム」

③ 小売業者がメーカーに発注して開発する独自のブランド商品…「□」

①（　　　　　　　）　②（　　　　　　　）
③（　　　　　　　）

PB　PKO　PL　POS

ちょっとひといき 勉強のコツは，コツコツやること！ とにかくくり返すことが大事！

2節　生産と労働

満点★ミッション

❶**分業**
　財やサービスの生産を複数で分担する。

❷**企業**
　生産活動を行う組織。

❸**利潤**
　収入から必要経費を引いた残り。

❹**資本主義経済**
　企業の競争によって成り立つ経済。

❺**技術革新**
　新技術の開発。

❻**私企業**
　利潤を目的とする民間の企業。

❼**公企業**
　利潤ではなく公共の目的で運営。

❽**中小企業**
　高い技術力をもつ企業もある。

❾**企業の社会的責任**
　社会貢献活動を行う。

❿**株式会社**
　株式の発行で資金を集める企業。

テストに出る！　**ココが要点**　　解答 p.11

1 生産活動と企業　　教 p.140～p.141

▷　分業と交換

● (**❶**　　　　　　　)…自分の得意なものを専門的に**生産**する。

　→生産物を他者と**交換**することで生活が便利で豊かに。

▷ (**❷**　　　　　　　)…**財やサービス**の**生産**を目的とする組織。

● 三つの生産要素…(**土地・設備・労働力**)をもとに生産活動。

● (**❸**　　　　　　　) の獲得が最大の目的。

▷ (**❹**　　　　　　) **経済**…資本を元手に生産活動を通じて利潤が生みだされる経済の仕組み。

▷ (**❺**　　　　　　　)…企業の研究・開発の努力の結果，**画期的な新技術**が生まれること。**知的資源**も企業の競争力を高める。

2 企業の種類　　教 p.142～p.143

▷　企業の種類

● (**❻**　　　　　　　)…**利潤**を目的とする民間の企業。

● (**❼**　　　　　　　)…**国**や**地方公共団体**の資金で運営。**交通**(バス・鉄道)や**水道**など。

▷　規模による分類…**大企業**と (**❽**　　　　　　)。

● 日本の企業のほとんどは**中小企業**。売上高は**大企業**が多い。

● 中小企業には新技術を活用して**起業**する**ベンチャー企業**も。

▷　企業が社会にあたえる**影響**

● 負の影響…**公害**など。

● 企業の (**❾**　　　　　　)
(CSR)…利潤の追求だけでなく，**教育**や**文化**，**環境保全**などで積極的に**社会貢献**を行う。

▼中小企業の日本経済にしめる割合

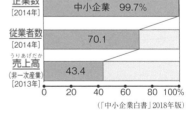

企業数 [2014年]　中小企業　99.7%
従業者数 [2014年]　70.1
売上高 (非一次産業) [2013年]　43.4

0　20　40　60　80　100%
(「中小企業白書」2018年版)

3 株式会社の仕組み　　教 p.144～p.145

▷ (**❿**　　　　　　)…**株式**の発行によって得られた**資金**を元に設立される**法人企業**。

▷　**株主**…**株式**を購入した**出資者**。利潤の一部を**配当**として受け取る。

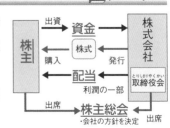

株主　出資→資金←株式→株式会社
株式　購入←　発行
配当←利潤の一部　取締役会
出席→株主総会←出席
・会社の方針を決定

- (⑪　　　　　　　) に出席し議決に参加。
- 出資した金額以上の負担は負わない(有限責任)。
- ▶ (⑫　　　　　　　)…企業の株式を売買する場。株式の価格
である(⑬　　　　　　　) が売買を通じて決まる。
- ▶ 株価はその企業の利潤の見通し，売買する人の期待で変動する。

4 労働の意義と労働者の権利　教 p.146〜p.147

- ▶ 労働の意義
  - 賃金を得る。　● 仕事を通して夢をかなえる。
  - 労働を通じて社会の役割分担に参加する。
- ▶ 労働者は使用者(経営者)に労働力を提供し，賃金を受け取る。
  - 労働条件は契約で取り決める。
  - (⑭　　　　　　)…使用者に対して弱い立場にある労働者
  が対等な立場で交渉するため結成→労働条件の改善を要求。
- ▶ 労働三法
  - (⑮　　　　　)法…労働条件の最低基準を定める。
  - (⑯　　　　　)法…労働組合の結成を保障。
  - (⑰　　　　　)法…労働争議の解決を促進。
- ▶ 日本の労働者の年間労働時間は先進国の中では依然として長い。
  - 長時間労働が原因の過労死，少子化などの問題。
  - (⑱　　　　　)・バランス…労働時間を減らし，仕事と
  家庭生活や地域生活とを両立させること。
  - 多様な働き方…フレックスタイムやテレワークなど。

5 労働環境の変化と課題　教 p.148〜p.149

- ▶ 多様化する労働の在り方
  - (⑲　　　　　)…定年まで同じ企業に勤め続ける。
  - (⑳　　　　　)…賃金が年齢とともに上昇する。
  →能力主義や成果主義の導入。
- ▶ (㉑　　　　　)…アルバイト，パート，派遣労働者，契
約労働者など。日本の労働者の約4割(2017年)。
  - 非正規労働者は賃金が低く，雇用が経済状況に左右されやすい。
  - 非正規労働者が専門技能を習得する手助けや失業時のため，
  セーフティネット(安全網)の整備が必要。
- ▶ 日本では100万人以上の外国人労働者(2017年)→受け入れを制
限してきたが，人口減少に備え受け入れていく方針に切りかえ。

満点★ミッション

⑪株主総会
株式会社の意思を決定する最高機関。
⑫証券取引所
株式を売買する場。
⑬株価
株式の価格。
⑭労働組合
労働者が，労働条件の改善を求める組織。
⑮労働基準法
労働条件の最低基準を定めた法律。
⑯労働組合法
労働組合の結成などについて定めた法律。
⑰労働関係調整法
労働争議を解決するための法律。
⑱ワーク・ライフ・バランス
仕事と私生活を両立させるための考え方。
⑲終身雇用
同じ企業に定年まで勤めること。
⑳年功序列賃金
賃金が年齢とともに上昇していく仕組み。
㉑非正規労働者
賃金が低く，雇用が不安定なことが多い。

2節　生産と労働

⏱30分

/100点

1 次の文を読んで，あとの問いに答えなさい。　　　　4点×13〔52点〕

> 　私たちは，分業をすることで財やサービスの生産を行い，（　A　）をすることで必要な物を手に入れて生活している。生産活動を専門に行うのが企業であり，お金を元手に，ₐ三つの生産要素を組み合わせて，♭利潤を生みだす仕組みを（　B　）経済という。
> 　企業はその生産活動の目的が꜀利潤を得ることかどうかによって分類され，さらに会社の規模によって，大企業とₔ中小企業に分類される。企業が得た利潤の一部が研究・開発に使われた結果，（　C　）が起こって画期的な新技術が生まれることもある。また，企業にはₑ利潤の追求以外にも社会への貢献が求められることがある。

(1)　A〜Cにあてはまる語句を書きなさい。A（　　　　　　）　B（　　　　　　）

C（　　　　　　）

(2)　下線部 a について，三つの生産要素は土地と設備と，あともう1つは何ですか。

（　　　　　　　）

(3)　下線部 b について，利潤にあてはまるものを次から選びなさい。　　（　　）

ア　企業の収入すべて　　イ　企業の収入から必要経費を引いたもの

ウ　企業の収入から資本金を引いたもの

(4)　下線部 c について，次の問いに答えなさい。

①　利潤を目的とする民間企業のことを何といいますか。（　　　　　　）

②　利潤を目的としない公企業の例を，次から2つ選びなさい。（　　）（　　）

ア　農家　　イ　寺・神社　　ウ　水道局　　エ　市営バス　　オ　私立病院

(5)　下線部 d について，次の問いに答えなさい。

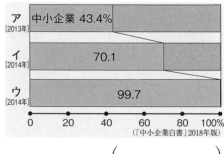

①　右のグラフのア〜ウは，企業数，従業者数，売上高のいずれかを示しています。企業数にあてはまるものを選びなさい。　　（　　）

②　中小企業の中でも，新しい技術や独自の経営ノウハウをもとに革新的な事業を展開する企業を何といいますか。　　　　　　　　　　（　　　　　　）

(6)　下線部 e について，CSRともよばれる企業の姿勢を何といいますか。（　　　　　　）

(7)　次の①・②にあてはまる語句を書きなさい。

①　新しく企業を起こすこと。　　　　　　　　　（　　　　　　）

②　大企業の製品を構成する部品の生産を中小企業が担うこと。（　　　　　　）

　ちょっとひといき　教科書のグラフは，そこから何が読み取れるのかを確認しておこう！

2 右の図を見て，次の問いに答えなさい。　　　　　　　　4点×4〔16点〕

(1)　A〜Cにあてはまる語句を書きなさい。

A（　　　　　　　）B（　　　　　　　）
C（　　　　　　　）

(2)　株式の値段(株価)は変動しますが，株価が上がるのはどんな状況ですか。簡単に書きなさい。

（　　　　　　　　　　　　　　　　　　　）

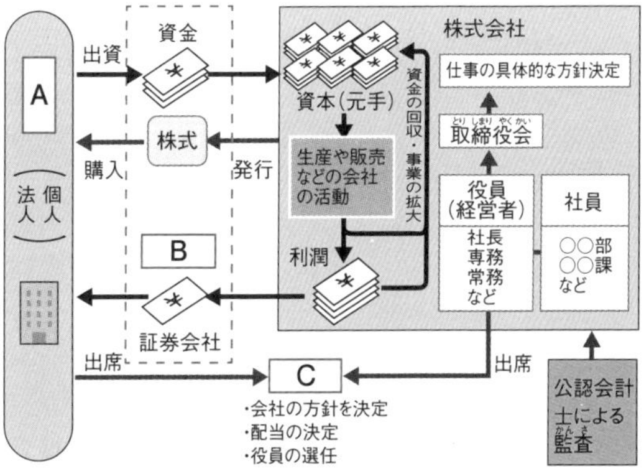

3 次の文を読んで，あとの問いに答えなさい。　　　　　　　4点×8〔32点〕

> 労働者は企業に労働力を提供し，それに対して（　A　）を受け取る。労働者と使用者(企業)は契約関係にある一方で，労働者は a労働組合を結成することができる。国も，b労働三法などの法律を整備し，労働者の権利を保障している。
>
> 労働の在り方も多様化しており，最近は定年まで同じ会社に勤め続ける（　B　）制度や c年功序列賃金の雇用に変化が見られ，d非正規労働者も多く見られるようになった。

(1)　A・Bにあてはまる語句を書きなさい。A（　　　　　　　）B（　　　　　　　）

(2)　下線部aについて，労働者が労働組合を結成して団体で使用者と交渉する理由を，「対等」という語句を用いて簡単に書きなさい。

（　　　　　　　　　　　　　　　　　　　　　　　　　　　　）

(3)　下線部bの労働三法のうち，労働争議の解決をうながすための法律を何といいますか。

（　　　　　　　）

(4)　下線部cについて，これはどのような仕組みですか。簡単に書きなさい。

（　　　　　　　　　　　　　　　　　　　　　　　　　　　　）

(5)　下線部dについて，正しいものを次から選びなさい。　　（　　　）

ア　派遣労働者や契約労働者は，非正規労働者には含まれない。
イ　正社員に比べると賃金が低く雇用も安定していないことが多い。
ウ　スーパーマーケットは非正規労働者よりも正規労働者を雇うことが多い。

(6)　次の①・②にあてはまる語句を□からそれぞれ選びなさい。

①　仕事と個人の生活を両立させること。　　　　（　　　　　）
②　失業した時に備えた，生活保護や雇用保険などの制度。　（　　　　　）

> セーフティネット　　フレックスタイム　　ワーク・ライフ・バランス

ちょっとひといき　何も見ずに，人に説明ができるか試してみよう！

43

第4章 私たちの暮らしと経済

3節　市場経済の仕組みと金融①

満点☆ミッション

テストに出る！ ココ が 要点　解答 p.12

1 市場経済と価格の決まり方　教 p.150〜p.151

❶ **市場**（しじょう）
商品が売買される場。

❷ **市場経済**（しじょう）
市場がすみずみまで行きわたった経済。

❸ **需要量**（じゅよう）
消費者が買う量。

❹ **供給量**（きょうきゅう）
生産者が売る量。

❺ **均衡価格**（きんこう）
需要量と供給量が一致した価格。

❻ **市場価格**（しじょう）
市場経済での価格。

❼ **独占**（どくせん）
商品を供給する企業（きぎょう）が1社しかない状態。

❽ **寡占**（かせん）
商品を供給する企業が少数の状態。

❾ **独占（寡占）価格**（どくせん）（かせん）
独占や寡占の状態で，企業が決める価格。

❿ **独占禁止法**（どくせん）
企業の競争をうながす法律。

⓫ **公正取引委員会**（とりひき）
独占禁止法を運用する組織。

⓬ **公共料金**
電気などの料金。

▷ 経済は，<u>生産</u>と<u>消費</u>によって成り立つ。

→家計や企業は，**分業**と**交換**（こうかん）によって複雑に結び付いている。

▷ （❶　　　　　　　）…商品が**売買される**場の全体。

（❷　　　　　　　）…市場がすみずみまで行きわたった経済。

▷ <u>価格</u>…商品の**希少性**によって上下する，財やサービスの価値。

▷ <u>需要と供給</u>

● （❸　　　　　　　）…**消費者**が買う量。価格が上がると<u>減少</u>。

● （❹　　　　　　　）…**生産者**が売る量。価格が上がると<u>増加</u>。

▷ 需要量が供給量を上回っている場合→価格は<u>上がる</u>。

▷ 供給量が需要量を上回っている場合→価格は<u>下がる</u>。

● （❺　　　　　　　）…需要量と供給量が一致（いっち）した価格。

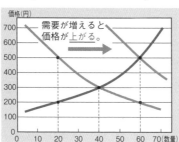

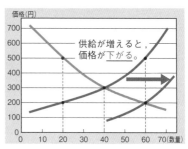

2 価格の働き　教 p.152〜p.153

▷ **市場経済**での価格＝（❻　　　　　　　　）が上下することで，生産量が調節され，**生産要素**が<u>効率的に</u>利用される。

▷ **市場価格**の働きがうまく果たされなくなる原因の例

● （❼　　　　　　　）…商品を供給する企業が**1社**だけ。

● （❽　　　　　　　）…商品を供給する企業が**少数**。

→消費者に不利な（❾　　　　　　　　）や<u>寡占価格</u>になる。

▷ （❿　　　　　　　）…<u>価格競争</u>をうながすための法律。

→（⓫　　　　　　　）が企業の監視（かんし）や指導にあたる。

▷ **市場経済**では，需要と供給の関係で価格が決まらない場合もある。<u>電気・ガス・水道</u>などの価格は，国民生活に大きく影響（えいきょう）するため，（⓬　　　　　　　）として国や**地方公共団体**が認可・決定を行う。

テストに出る！予想問題　3節　市場経済の仕組みと金融①

⏱30分 /100点

1 次の文を読んで，あとの問いに答えなさい。　10点×10〔100点〕

> 商品が売買される場を（　A　）という。商品には価格が付けられており，A価格は一般に a 需要量と供給量の関係で決まる。しかし，価格が下線部 a のように決まらない場合もあり，b 一つ，または少数の企業が A を支配する独占や（　B　）が起こると，それらの企業が c 相談して価格を決めることが可能になる。一方で，国や地方公共団体などが決定もしくは認可する価格として d 電気やガス，水道料金などの（　C　）がある。

(1)　A〜Cにあてはまる語句をそれぞれ書きなさい。　A（　　　　　）
　　　　　　　　　　　　　　　　　B（　　　　　）　C（　　　　　）

よく出る (2)　下線部 a について，次の問いに答えなさい。

① 　右の図は，需要量と供給量の関係を示しています。需要量を表しているのは X・Y のどちらですか。（　　　）

② 　需要量と供給量が一致する Z の価格を特に何といいますか。（　　　　　）

③ 　Y の曲線が矢印のように Y' へと変化する例として正しいものを次から選びなさい。（　　　）

　　ア 　りんごが豊作で，お店にたくさん入荷された。
　　イ 　新製品がテレビで紹介されたため，品不足になった。
　　ウ 　サンマが不漁のため，去年の倍の値段で売っていた。

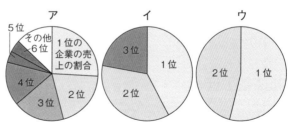

よく出る (3)　下線部 b について，このような生産の集中が最も進んでいる状態を，右のア〜ウから選びなさい。（　　　）

(4)　下線部 c について，次の問いに答えなさい。

① 　このような行為を禁止し，競争をうながすための法律の名前を書きなさい。（　　　　　　）

② 　①を運用し，企業の監視や指導を行う組織を何といいますか。（　　　　　）

記述 (5)　下線部 d について，こうした価格が需要と供給の関係ではなく決められる理由を，「国民の生活」の語句を用いて簡単に書きなさい。

（　　　　　　　　　　　　　　　　　　　　　　　　　　　　　）

3節 市場経済の仕組みと金融②

満点★ミッション

❶貨幣(通貨)
紙幣や硬貨など。

❷金融
資金を融通すること。

❸直接金融
出資者から直接お金
を借りること。

❹間接金融
銀行などを通じてお
金を借りること。

❺銀行
代表的な金融機関。

❻利子(利息)
お金を貸す側に借り
賃として支払うお金。

❼預金通貨
預金額の書きかえで
支払いが行われると
き,通貨の役割を持
つ。

❽日本銀行(日銀)
日本の中央銀行。

❾発券銀行
紙幣を発行する銀行。

❿政府の銀行
政府の資金を預かる
日本銀行の役割。

⓫銀行の銀行
一般の銀行とお金を
やりとりする日本銀
行の役割。

テストに出る! **ココ**が**要点**　　解答 p.12

1 貨幣の役割と金融　　教 p.154〜p.155

▶ (❶　　　　　　　)(通貨)…市場での売買に使う**紙幣**や**硬貨**
など。自分の欲しい**財**や**サービス**といつでも**交換**できる。また,
財やサービスの**価値を比較**することができる。

▶ (❷　　　　　　　)…**資金**が**不足**している人と**余裕**がある人
との間で,お金を**融通**すること。

▶ 金融の方法

● (❸　　　　　　　)…**企業**などが,**株式**や**債券**を発行して**出
資者**から**直接**お金を借りること。近年増えている金融の形。

● (❹　　　　　　　)…**金融機関**を通じてお金を借りること。

●**直接金融**　　　　　　　　●**間接金融**

2 私たちの生活と金融機関　　教 p.156〜p.157

▶ (❺　　　　　　　)…**間接金融**を担う**金融機関**の代表例。
人々の貯蓄を**預金**として集め,それを**家計**や**企業**に貸し出す。

▶ (❻　　　　　　　)…借り入れた金額(**元金**)の他に支払わな
ければならないお金→**元金**に対する**利子**の比率を**金利**という。

▶ **為替**…銀行振りこみなど,はなれた場所への送金ができる手段。

▶ (❼　　　　　　　)…**銀行預金**も,**貨幣**としての役割を果たす。
⇔紙幣や硬貨などの**現金通貨**の必要性は小さくなる。

● **キャッシュレス決済**…**クレジットカード**や**スマートフォン**を利用。

▶ (❽　　　　　　　)…日本の**中央銀行**。3つの役割を持つ。

● (❾　　　　　　　)…**紙幣**の発行。
→日本の紙幣は**日本銀行券**という。

● (❿　　　　　　　)…**政府の資金**を預かり出し入れする。
→日本銀行に預金ができるのは,**政府**と一部の**金融機関**のみ。

● (⓫　　　　　　　)…**一般の銀行**に資金を貸し出し,預金を
受け入れる。

3 景気と金融政策 🏫 p.158〜p.159

▶ (⑫　　　　　　)…**経済全体**の状態のこと。**好景気(好況)**と**不景気(不況)**が交互に繰り返される。(**景気変動**)

● (⑬　　　　　　)…**好景気**のとき，商品の需要量が増え**物価が上がり続ける**こと。

● (⑭　　　　　　)…**不景気**のとき，商品の需要量が減って**物価が下がり続ける**こと。

▶ 戦後の日本経済は(⑮　　　　　　)を続けてきた。

●戦後復興→**高度経済成長**→石油危機→バブル経済→平成不況

▶ (⑯　　　　　　)…**物価の変動**をおさえ，**景気の安定化**を図るために**日本銀行**が行う政策。

▶ **金融政策の方法**…(⑰　　　　　　)(オペレーション)

●不景気…銀行が持つ国債などを**買い**，銀行の持つ資金を**増やす**
　→銀行が**金利を下げる**→企業がお金を借りて生産を**増加**。

●好景気…銀行に国債を**売り**，銀行の持つ資金を**減らす**
　→銀行が**金利を上げる**→企業がお金を借りにくく生産を**縮小**。

4 グローバル経済と金融 🏫 p.160〜p.161

▶ (⑱　　　　　　)…**国と国との間**の商品の取り引き。**国際分業**によって，それぞれの国が豊かになることができる。

▶ (⑲　　　　　　)…**通貨と通貨**を**交換する比率**。

● (⑳　　　　　　)…円の価値が**高く**なること。

● (㉑　　　　　　)…円の価値が**低く**なること。

▶ 円高のとき，**輸出は不利**に，**輸入は有利**になる。
　⇔円安のときは逆になる。

▶ 戦後の日本…**原材料を輸入**し，**工業製品を輸出**する**加工貿易**。

●工場の**海外移転**などで産業の(㉒　　　　　　)が進む。
　→(㉓　　　　　　)企業の展開が背景。

●経済の**グローバル化**で，国境を越えた大規模なお金のやりとり。
　→アジア通貨危機(1997)，**世界金融危機**(2008)など世界的な経済の混乱を起こす負の側面も。

1ドル=100円
1$ = 100

円高　　円安
円を買う動きが強まる　　円を売る動きが強まる

1$ = 50　　1$ = 100

1ドル=90円　　1ドル=110円

テストに出る！

予想問題

3節　市場経済の仕組みと金融②

⏱ 30分

/100点

1 次の文を読んで，あとの問いに答えなさい。　　　5点×7〔35点〕

> 　金融には，大きく分けて <u>a 直接金融</u>と間接金融の二つの方法がある。企業や家計は銀行に預金し，<u>b 利子</u>を受け取る。また，企業や家計が銀行から貸し出しを受けたときは元金（借りた金額）の返済のほかに，<u>c 利子</u>を支払わなければならない。元金に対する利子の比率を（　A　）という。
>
> 　銀行を利用すると，<u>d はなれた場所にお金を送る</u>ことや，企業どうしの取り引きに現金通貨ではなく，（　B　）を使うことも可能となる。企業・家計ともに貨幣や <u>e 支払いの在り方</u>が変化している。

(1)　A・Bにあてはまる語句を書きなさい。

A（　　　　　　　）　B（　　　　　　　）

(2)　下線部 a について，右の図を見て次の問いに答えなさい。

① 　直接金融はX・Yのどちらですか。　（　　　）

② 　X・Yはそれぞれ金融機関が仲立ちしていますが，証券会社が仲立ちしているのはどちらですか。

（　　　）

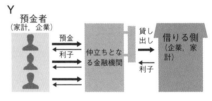

よく出る (3)　下線部 b・c の率は一般的にどちらの方が高いですか。　　　（　　　）

(4)　下線部 d について，振りこみなど，はなれた場所にお金を送ることを何といいますか。

（　　　　　　　）

(5)　下線部 e について，クレジットカードやスマートフォンによる，現金を使わない支払いを何といいますか。　　　　（　　　　　　　）

2 右の図を見て，次の問いに答えなさい。

5点×3〔15点〕

(1)　次の①・②の日本銀行の働きにあてはまるものを，図中のア〜エからそれぞれ選びなさい。

① 　発券銀行　　　　　　　（　　　）

② 　銀行の銀行　　　　　　（　　　）

(2)　日本銀行のように，その国の金融機関の中心として，特別な働きをする銀行を何といいますか。

（　　　　　　　）

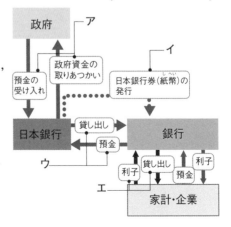

ちょっとひといき　直前に，用語を漢字で書けるかチェックをしておこう！

3 次の文を読んで，あとの問いに答えなさい。　　　　　5点×6〔30点〕

> 　経済全体の状態を「景気」といい，a好景気と不景気を交互にくり返す。
> 　好景気で商品の需要量が増えると，物価が（　A　）。この状態が続くとインフレーションという現象が起きる。しかし，商品の生産を増やして需要量が満たされると，じょじょに商品が売れなくなって景気が後退する。このように不景気になると，物価は（　B　）。この状態が続く現象を，（　C　）という。b日本銀行には，物価の変動をおさえて，景気を安定させる働きがある。

(1)　A・Bには，「上がる」「下がる」のいずれかがあてはまります。「上がる」があてはまるのはどちらですか。　　　　　　　　　　　　　　　　　　　　　　（　　　　）

(2)　Cにあてはまる語句を書きなさい。　　　　　　　　　　　（　　　　　　　）

(3)　下線部aについて，戦後の日本は好景気と不景気をくり返してきましたが，次の景気の名前を□□からそれぞれ選びなさい。

①　1955年〜1973年まで年平均約10％の成長が続いた好景気。

②　1980年代後半に地価や株価が異常に高くなった現象。

①（　　　　　　　）　②（　　　　　　　）

> バブル経済
> 世界金融危機
> 高度経済成長
> 平成不況

(4)　下線部bについて，次の問いに答えなさい。

①　景気の安定のために日本銀行が行う，右の図の公開市場操作に代表される政策を何といいますか。

（　　　　　　　　　）

[記述]②　日本銀行が不景気の時に国債を買うのはなぜですか。右の図の内容を読み取って簡単に書きなさい。

（　　　　　　　　　　　　　　　　　　　　）

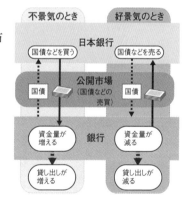

4 次の問いに答えなさい。　　　　　　　　　　　　　5点×4〔20点〕

(1)　通貨と通貨を交換する比率を何といいますか。　　（　　　　　　　）

[よく出る](2)　右の図は，円高・円安についてまとめたものです。

①　A・Bのうち，Aの状況は円高・円安のどちらですか。　（　　　　　　　）

②　日本からアメリカに自動車を輸出する際に有利なのは，A・Bのどちらですか。

（　　　　　）

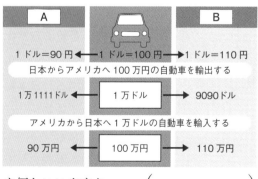

(3)　工場の海外移転で国内の産業が衰えることを何といいますか。　（　　　　　　　）

ちょっとひといき　輸入に有利，輸出に不利は円高！　輸入に不利，輸出に有利は円安！

第4章 私たちの暮らしと経済

4節 財政と国民の福祉

テストに出る！ **ココが要点** 解答 p.13

1 私たちの生活と財政 教 p.162～p.163

▶ (**❶**   )…政府（国・地方公共団体）の経済活動。

● **歳入**…政府の収入。

(**❷**   ) でまかなう。

● **歳出**…政府の支出。

▶ (**❸**   )…政府の歳入と歳出の計画。

▶ **税金の種類**

● **納税先による分類**…国に納める (**❹**   ) と地方公共団体に納める (**❺**   )。

● **納税者**と**担税者**の一致・不一致による分類

◇ (**❻**   )…納税者と担税者が同じ。**所得税**など。

◇ (**❼**   )…納税者と担税者が別。**消費税**など。

▶ 税金の公平性…消費税などは所得にかかわらず同じ税率→所得が低い人ほど所得にしめる税金の割合が大きい（**逆進性**の問題）。

● (**❽**   )…**所得税**などで，所得が高い人ほど税率が高くなる制度。

▼国の歳入と歳出

歳入	
所得税 18.4%	租税・印紙収入
消費税 17.6	
法人税 12.7	
相続税 2.2	
その他の租税 7.2	
印紙収入 1.1	
公債金 35.3	
その他 5.5	

総額 97 兆 4547 億円

歳出	
社会保障関係費 33.3%	
国債費 24.1	
地方交付税交付金など 16.0	
公共事業関係費 6.1	
文教および科学振興費 5.5	
防衛関係費 5.3	
その他 9.7	

[2017年度当初予算] 総額 97 兆 4547 億円

2 財政の役割と課題 教 p.164～p.165

▶ 市場経済における政府の役割

● **資源配分**の**調整**…民間企業ではできない財やサービスの供給。

◇ (**❾**   )（**インフラ**）…道路，公園，水道など。

◇ (**❿**   )…学校教育や社会保障など。

● 所得の**再分配**…税金や社会保障を通して**経済格差を是正**する。

● 景気の**安定化**　● 市場経済における**公正さの確保**

▶ (**⓫**   )…政府が歳入や歳出を通じて景気の安定を図る⇔**日本銀行**の**金融政策**。

● **不景気**（**不況**）のとき…社会全体の消費を活発にする。

◇ (**⓬**   ) を増加させて民間企業の仕事を増やす。

◇ **減税**をして企業や家計の消費を増やす。

● **好景気**（**好況**）のとき…逆の政策を行い，景気をおさえる。

満点★ミッション

❶財政
　政府の経済活動。
❷税金（租税）
　政府が収入を得る手段。
❸予算
　政府の1年間の収支に関わる計画。
❹国税
　国が集める税金。
❺地方税
　地方公共団体が集める税金。
❻直接税
　納税者と担税者が同じになる税金。
❼間接税
　納税者と担税者が異なる税金。
❽累進課税
　課税対象の額が大きくなるほど，税率が高くなる仕組み。
❾社会資本
　学校などの公共施設。
❿公共サービス
　教育など，政府が行うサービス。
⓫財政政策
　政府の歳入や歳出によって景気を安定させる政策。
⓬公共投資
　公共事業への支出。

50　**ココが要点**の答えになります。

▷ （⑬　　　　　　　　）…**税金で足りない分を補う政府の借金。**

- （⑭　　　　　　　　）…**国の借金。**
- （⑮　　　　　　　　）…**地方公共団体の借金。**
- 公債は元金の返済と利子の支払いが必要…発行は慎重に行う。

▷ これからの財政…政府の役割は**小さな政府**から**大きな政府**に変化←税収の増加が追いつかず，巨額の公債が残る。

- 小さな政府を選ぶか，増税で大きな政府を維持するかの選択。

3 社会保障の仕組み 教 p.166〜p.167

▷ （⑯　　　　　　　　　　）…けが，**病気**，**失業**などで生活が困難になったとき，国が生活を保障する制度。

- 第二次世界大戦後のイギリスで確立…「ゆりかごから墓場まで」

▷ 日本の社会保障…憲法第25条の生存権に基づく四つの柱。

- （⑰　　　　　　　　）…**医療保険**，**年金保険**，**介護保険**など。
  →人々が毎月保険料を負担し合い，病気や高齢の人々に給付。
- （⑱　　　　　　　　）…最低限の生活ができない人に，**生活保護法**に基づき生活費や教育費を支給。
- （⑲　　　　　　　　）…高齢者福祉，障がい者福祉など。
  →社会の中で弱い立場にある人々を支援する。
- （⑳　　　　　　　　）…生活環境の改善，**感染症**対策など。
  →人々の健康や安全な生活を守る。

4 少子高齢化と財政 教 p.168〜p.169

▷ 少子高齢化…社会保障制度に大きな影響。

- 高齢化…年金などの支払い額が増える。
- 少子化…現役世代の人口減により，一人当たりの**負担**が増える。

▷ （㉑　　　　　　　　）**制度**…40歳以上の人の加入を義務付け。
→必要になったときに**介護サービス**が受けられるようにする。

▷ （㉒　　　　　　　　）**制度**…75歳以上の高齢者は他の世代と別の医療保険に加入する制度。

▷ 社会保険の課題

- 国民皆保険・国民皆年金…少子高齢化で持続可能かどうか。

▷ 福祉社会の実現に向けて

- 高福祉高負担（**大きな政府**）…スウェーデンなど。
- 低福祉低負担（**小さな政府**）…アメリカなど。
- 日本…社会保障費増加への対応で消費税を10%に引き上げた。

満点★ミッション

⑬**公債**
政府の借金。

⑭**国債**
国の借金。

⑮**地方債**
地方公共団体の借金。

⑯**社会保障**
国が，生活が困難になった人の生活を保障する制度。

⑰**社会保険**
保険料を支払い，生活に困ったときに給付を受ける制度。

⑱**公的扶助**
生活に困っている人に対して，最低限度の生活を保障する制度。

⑲**社会福祉**
高齢者などの社会的弱者を支援すること。

⑳**公衆衛生**
人々の健康で安全な生活を守ること。

㉑**介護保険制度**
介護が必要になったときに介護サービスを受けるための制度。

㉒**後期高齢者医療制度**
75歳以上の高齢者は，独自の医療保険に加入するという制度。

テストに出る！
予想問題　4節　財政と国民の福祉
⏱30分　/100点

1 次の文を読んで，あとの問いに答えなさい。　(4)は6点，他は4点×8〔38点〕

> a政府が収入を得て，それを支出する経済活動のことを（ **A** ）という。現代では，bその規模は拡大し，社会保障などへの支出が大きくなっている。Aの実行には，あらかじめ予算を立てなければならない。政府の収入は主に税金（租税）によってまかなわれ，市場では供給されにくい公共サービスの提供や，学校や道路などの（ **B** ）の整備にあてられる。税金だけではまかなえない場合は国や地方公共団体の借金である（ **C** ）を発行するが，c発行には慎重にならなければならない。

(1) A〜Cにあてはまる語句を書きなさい。

　A（　　　　　　　）B（　　　　　　　）C（　　　　　　　）

(2) 下線部aについて，政府の1年間の収入を何といいますか。　（　　　　　　　）

(3) 下線部bは，政府の仕事の範囲が広くなったことによります。このような政府を何といいますか。5文字で書きなさい。　（　　　　　　　）

記述(4) 下線部cについて，その理由を「将来の世代」という語句を用いて簡単に書きなさい。

　（　　　　　　　　　　　　　　　　　　　　　　　　　　　　　）

(5) 政府は，収入や支出を通じて，好景気と不景気の波を調節する政策を行っています。

　① この政策を何といいますか。　（　　　　　　　）

　② ①について，好景気のときはどのような政策が採られますか。次から2つ選びなさい。

　　　（　　）（　　）

　　ア 減税する　　イ 増税する　　ウ 公共投資を増やす　　エ 公共投資を減らす

2 租税を分類した右の表を見て，次の問いに答えなさい。　(2)②は7点，他は4点×4〔23点〕

(1) 租税の分類について，表中のA・Bにあてはまる語句を書きなさい。

　A（　　　　　　　）B（　　　　　　　）

(2) 下線部について，所得税には所得が高い人ほど税率が高くなる仕組みが採られています。

　① この仕組みを何といいますか。

　　　（　　　　　　　）

	直接税	A
B	所得税 法人税 相続税など	消費税 揮発油税 酒税など
地方税	住民税 事業税 自動車税 固定資産税など	たばこ税 ゴルフ場利用税 入湯税など

📝記述 ②　①の制度の目的を「公平性」という語句を用いて簡単に書きなさい。

（　　　　　　　　　　　　　　　　　　　　　　　　　　　　）

(3)　(2)に対し，所得が低い人ほど所得にしめる税金の割合が高くなる逆進性の問題があります。こうした問題を持つ税を，表中から１つ選びなさい。（　　　　　　　）

3 右の表を見て，次の問いに答えなさい。　　　　(5)は7点，他は4点×8〔39点〕

(1)　□□□にあてはまる語句を書きなさい。

（　　　　　　　）

(2)　次の説明にあてはまる社会保障の種類を表中からそれぞれ選びなさい。

①　高齢者や障がいのある人々など，社会の中で弱い立場になりやすい人々を支援する制度。

②　加入者が病気・失業・老齢になったときに受け取るため，お金を負担し合う制度。

③　生活に困っている人たちに，生活費や教育費などを支給する制度。

種類	仕事内容
社会保険	医療保険　介護保険 年金保険　雇用保険など
公的扶助	生活保護 ・生活扶助　　・住宅扶助 ・教育扶助　　・医療扶助など
社会福祉	高齢者福祉　児童福祉 障がい者福祉など
□□□	感染症対策　上下水道整備 廃棄物処理　公害対策など

①（　　　　　　）②（　　　　　　）③（　　　　　　）

よく出る (3)　日本の社会保障制度の基礎となっている，日本国憲法第25条の「健康で文化的な最低限度の生活を営む権利」を何といいますか。（　　　　　　　）

(4)　日本の社会保障制度は，少子高齢化により大きな影響を受けています。

①　少子高齢化への対応として，40歳以上の人に加入が義務付けられている制度を，上の表中から書きなさい。（　　　　　　　）

②　右の資料を見て，次の文のX・Yにあてはまるものをあとからそれぞれ選びなさい

●現役世代の人口が減るため，（　X　）。

●高齢者の割合が増えるため，（　Y　）。

X（　　　）　Y（　　　）

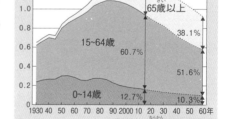

▼日本の人口と人口構成の変化

ア　年金などの支払い額が増える　　　イ　税金による政府の収入が増える

ウ　児童福祉や教育費の支払い額が増える　エ　現役世代への保険料の負担が増える

📝記述 (5)　福祉と国民の負担の在り方には，スウェーデンが採用する高福祉高負担と，アメリカが採用する低福祉低負担の２つがあります。日本が高福祉高負担を実現するための課題について，簡単に書きなさい。

（　　　　　　　　　　　　　　　　　　　　　　　　　　　　　　　）

5節 これからの経済と社会

満点ミッション

❶**公害**
　四大公害病が高度経済成長期に深刻化。

❷**環境省**
　1971年に環境庁として発足。2001年に省に昇格。

❸**環境基本法**
　公害対策基本法を発展させた法律。

❹**省資源・省エネルギー**
　資源やエネルギーの使用をおさえること。

❺**3R**
　リデュース・リユース・リサイクル。

❻**循環型社会**
　資源を効率的に持続可能な形で循環させながら利用する社会。

❼**国内総生産(GDP)**
　ある国の中で一定期間に生産された財やサービスの合計。

❽**地域経済**
　地域にある資源をその地域の人が生かして行う経済活動。

テストに出る！ **ココが要点** 解答 p.14

1 **公害の防止と環境の保全** 教 p.170〜p.171

▶ (❶　　　　　　　)…企業の活動や人々の生活によって，地域住民の健康や生活が損なわれること。高度経済成長期に深刻化。(例)大気汚染，水質汚濁，土壌汚染，騒音など。

▶ 四大公害病(裁判ではいずれも患者側が全面勝訴)

	新潟水俣病	イタイイタイ病	水俣病	四日市ぜんそく
被害地域	新潟県の阿賀野川	富山県の神通川	熊本県・鹿児島県の八代海	三重県の四日市市
原因	水質汚濁			大気汚染

▶ 公害対策を訴える住民運動や裁判が行われる。

● 公害対策基本法の制定(1967年)

● 環境庁(現在の(❷　　　　　　))の設置

▶ (❸　　　　　　)…1993年制定，新しい公害(ダイオキシンによる土壌汚染，排気ガスやごみなどによる公害)に対処。

▶ 地球規模の環境問題への取り組み…各国が協力。

● 地球温暖化や熱帯雨林の減少，砂漠化など。

● 企業…省資源・(❹　　　　　　)型の製品の開発を進める。

▶ 循環型社会に向けて

● (❺　　　　　　)…ごみを減らす(リデュース)，再利用する(リユース)，再生利用する(リサイクル)。

→ (❻　　　　　　)形成推進基本法の制定(2000年)。

2 **経済の持続可能性と真の豊かさ** 教 p.172〜p.173

▶ 生活水準が高くなると，所得や(❼　　　　　　)(GDP)が増えても満足度は上がりにくくなる。

→豊かさは，収入や財産だけでなく，**自然環境**や**文化**，**安全面**，**周囲との連帯感**など，**お金や物にかえられない要素**もあるため。

▶ 地域の持続可能な発展←日本では急速な人口減少が予想される。

● 日本各地の(❽　　　　　　)や**財政**が衰退してしまう。

→**コンパクトシティ**で**土地**と**社会資本**を効率的に利用。

● 都市の**過密問題**を和らげる可能性もある。

→住民が地域の将来について議論する必要がある。

予想問題 テストに出る！ 5節 これからの経済と社会

⏱ 30分　/100点

1 次の文を読んで，あとの問いに答えなさい。　　　10点×10〔100点〕

> a公害防止への取り組みによって，生産活動による公害は次第に減ってきたが，一方で，b新しい公害も発生し，環境問題への意識も高まっている。
> さらに，地球環境問題の解決が急がれ，企業は（　　　）・省エネルギー型の製品の開発を進めている。今後は，c資源を有効に活用し，廃棄物をできるだけ減らしていく社会を作っていくことが求められている。

(1) （　　　）にあてはまる語句を書きなさい。　（　　　　　）

(2) 下線部aについて，次の問いに答えなさい。

① 次のA・Bにあてはまる四大公害病を□から選びなさい。
　A　富山県の神通川流域で起こった。　（　　　　　）
　B　唯一大気汚染が原因である。　（　　　　　）

> 新潟水俣病
> 四日市ぜんそく
> イタイイタイ病
> 水俣病

② 1971年に発足した，公害問題や自然環境問題を扱う官庁の現在の名称を書きなさい。
　　　　　　　　　　　　　　　　　　　　　　（　　　　　　　）

(3) 下線部bについて，「新しい公害」に対応するため，1993年に制定された法律名を書きなさい。　（　　　　　　　）

(4) 下線部cについて，次の問いに答えなさい。

① このような社会を何といいますか。
　　　　　　　　　（　　　　　　）

② 右の図は，①を実現するための仕組みを示したもので，図中のX〜Zには，□の語句のいずれかがあてはまります。Xにあてはまるものはどれですか。
　　　　　　　　　（　　　　　　）

> リサイクル
> リデュース
> リユース

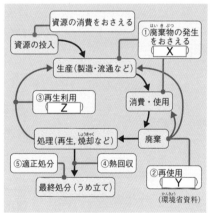

③ ②の□の語句は，まとめて何とよばれますか。　（　　　　　　　）

(5) これからのより良い暮らしについて，次の問いに答えなさい。

① 経済的な豊かさの基準の1つである，ある国の中で一定期間に生産された財やサービスの合計をアルファベット3文字で書きなさい。　（　　　　　　　）

記述② 経済的な豊かさの他にどのような豊かさがあると思いますか。簡単に書きなさい。
（　　　　　　　　　　　　　　　　　　　　　　　　　　　　　）

1節　国際社会の仕組み①

❶**主権**
他国の支配や干渉を受けない権利。

❷**領域**
国の主権がおよぶ範囲。

❸**排他的経済水域**
沿岸から200海里までの，その国が資源を使う権利を持つ海域。

❹**国際法**
国際社会の決まり。

❺**国際司法裁判所**
国家間の争いの調停機関。オランダのハーグに本部がある。

❻**竹島**
韓国が不法に占拠する，島根県の島。

❼**北方領土**
ロシア連邦が不法に占拠する北海道の島々。

❽**尖閣諸島**
日本の領土ではあるが，中国・台湾が領有権を主張している島々。

1 国際社会における国家　教 p.182〜p.183

▶ 国家の三要素

● **国民**が暮らす。

● (❶　　　　　　)を持つ…ほかの国の支配や干渉を受けない(**内政不干渉**の原則)，たがいに対等である(**主権平等**の原則)→国際社会は**主権国家**を中心に成り立つ。

● (❷　　　　　　)…**領土**，**領海**(12海里)，**領空**
領海の外は(❸　　　　　　)(200海里)と**大陸棚**。
排他的経済水域の外は**公海**とよばれる…どの国の船も航行や漁が認められている(＝**公海自由**の原則)。

▶ 主権国家は**国旗**と**国歌**を持つ。日本は**日章旗**と**君が代**。

▶ (❹　　　　　　)…国際社会の決まり。**条約**や長い間の慣行。→各国は**国際法**を尊重し，**国際協調**の体制を作り向上させる。

▶ (❺　　　　　　)…国家間の争いを法に基づいて解決する，国際連合の機関。

2 領土をめぐる問題の現状　教 p.184〜p.185

▶ 日本は周辺諸国とのあいだに領土をめぐる問題をかかえる。

● (❻　　　　　　)…1952年，**韓国**が不法に占拠。
→国際司法裁判所にゆだねる提案をするも，韓国は拒否。

● (❼　　　　　　)…戦前は日本人が住んでいたが，戦後ソ連(ロシア連邦)が占拠→返還交渉が続けられている。

● (❽　　　　　　)
諸島…日本固有の領土であるが，石油の埋蔵の可能性が報告されたのち，**中国**や台湾が領有権を主張。

日本の領海および排他的経済水域

ロシア連邦　北方領土　50°
中国　択捉島　45°
北朝鮮　40°
韓国　竹島　日本　35°
東京
尖閣諸島　30°　南鳥島
台湾
与那国島　25°
沖ノ鳥島　20°
フィリピン
125° 130° 135° 140° 145° 150° 155°

ココが**要点**の答えになります。

テストに出る！
予想問題

1節　国際社会の仕組み①

⏱30分　/100点

1 右の図を見て，次の問いに答えなさい。

10点×6〔60点〕

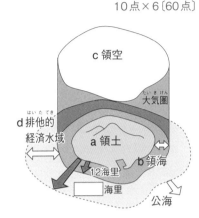

よく出る (1)　□にあてはまる数字を書きなさい。（　　　　　）

(2)　国家の主権について次の問いに答えなさい。

①　国家の主権がおよぶ範囲として正しいものを右の図を参考に，次から選びなさい。（　　　）

　ア　aのみ　　　イ　aとb　　ウ　aとc

　エ　aとbとc　　オ　aとbとcとd

②　主権国家が「ほかの国の支配や干渉を受けない」という原則を何といいますか。（　　　　　）

③　主権国家の象徴として各国が互いに尊重し合っているものには何がありますか。１つ書きなさい。（　　　　　　　）

(3)　国際協調について次の問いに答えなさい。

①　条約や長い間の慣行など，国どうしが守るべき決まりは何ですか。（　　　　　）

②　国家間の争いを①によって解決する，国際連合の機関は何ですか。（　　　　　）

2 右の地図を見て，次の問いに答えなさい。

10点×4〔40点〕

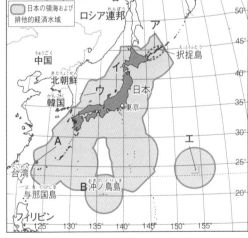

(1)　次の①・②にあてはまる島々を地図中のア～エからそれぞれ選びなさい。

①　日本固有の領土だが，1952年以降，韓国が不法に占拠している。（　　　）

②　日本固有の領土だが，終戦前後からソ連（現在はロシア）が不法に占拠している。（　　　）

(2)　地図中のAは日本固有の領土ですが，中国や台湾が領有を主張しています。この島々を何といいますか。（　　　　　　　）

記述(3)　右の写真は，Bの沖ノ鳥島のものです。写真のように護岸で島が守られているのはなぜですか。簡単に書きなさい。

（　　　　　　　　　　　　　　　　　　　　）

1節　国際社会の仕組み②

満点★ミッション

テストに出る! **ココが要点** 解答 p.15

❶**国際連合(国連)**
世界の平和のため発足。193か国が加盟。

❷**総会**
全加盟国で構成。

❸**安全保障理事会**
世界の平和と安全の維持のため強い権限。

❹**常任理事国**
米・露・英・仏・中の五大国。

❺**拒否権**
❹の1か国でも反対すると重要な問題の決議ができない。

❻**専門機関**
国連と連携して仕事を行うUNESCOやWHOなどの機関。

❼**平和維持活動(PKO)**
停戦や選挙の監視に日本の自衛隊も協力。

❽**持続可能な開発目標(SDGs)**
地球規模の課題の解決に向けての目標。

---

3 **国際連合の仕組みと役割** 教 p.186〜p.187

▶ (❶　　　　　　　　　)…1945年発足。世界の平和と安全を実現することを最大の目的とする。本部はニューヨーク(アメリカ)。

▶ 国連の仕組み

● (❷　　　　　　　　)…全ての加盟国が平等に1票(**主権平等**)。

● (❸　　　　　　)(安保理)…平和と安全の維持のため強い権限。

◇ (❹　　　　　　　)…アメリカ, ロシア連邦, イギリス, フランス, 中国。(❺　　　　　　　)**権**を持つ。

→一国でも**拒否権**を発動すると, 決議できない。

◇**非常任理事国**…任期2年, 10か国からなる。

● **経済社会理事会, 国際司法裁判所, 事務局**など。

● (❻　　　　　　)…国連教育科学文化機関(UNESCO), 世界保健機関(WHO)など。

▶ 国連の役割

● 世界の平和と安全の維持…**集団安全保障**の制度に基づき, 侵略国に対し, 制裁を加える。

● 紛争後の停戦や選挙の監視を行う(❼　　　　　　)(PKO)。

▶ 専門機関や国連児童基金(UNICEF)などと連携し, 経済・文化などの分野で国際協力を推進。

→ (❽　　　　　　)(SDGs)の採択…地球規模の課題の解決に向けて, 2030年までに達成することを目指した17個の目標。

4 **地域主義の動き** 教 p.188〜p.189

■ EU	■ ASEAN	▤ APEC
加盟国数:27か国	加盟国数:10か国	加盟国・地域数: 21か国・地域
■ USMCA		
加盟国数:3か国		[2020年7月現在]

▶ グローバル化が進み，人や物，お金が国境を越えて移動。

→他国との関係なしでは成り立たない，相互依存(そうごいぞん)の関係。

▶ (⑨　　　　　　　　)(リージョナリズム)…同じ課題をかかえ
る国々が特定の地域でまとまり，協調や協力を強める動き。

▶ 第二次世界大戦後，ヨーロッパで経済分野を中心に統合の動き
→政治や外交に拡大し，1993年(⑩　　　　　　　　)(EU)発足。

● (⑪　　　　　　　　)…EUの共通通貨。中央銀行設立のほか，
外交・安全保障，治安維持などでも共通の政策に努力。

●問題点…加盟国間の経済格差。イギリスの離脱(2020年)。
加盟国間での経済格差が問題になる→ギリシャの財政危機など。

▶ (⑫　　　　　　　　)(ASEAN)…東南アジアの地域連合。
→日本や中国，韓国などを加えた国際会議も活発。

▶ (⑬　　　　　　　　)(APEC)…アジア太平洋地域の国々から
なる。アメリカ，ロシア，オーストラリアなどの他，日本も加盟。

●環太平洋経済連携協定(かんたいへいようけいざいれんけい)(TPP11)…太平洋を囲む国々からなる。
貿易の自由化などを規定。日本も加盟。アメリカは離脱。

●自由貿易協定(FTA)，経済連携協定(EPA)を結び，貿易自由
化などを進める動きも活発。

5 新興国の台頭と経済格差　　　教 p.190〜p.191

▶ (⑭　　　　　　　　)(途上国)…かつてヨーロッパなどの植民地。

● (⑮　　　　　　　　)…モノカルチャー経済からぬけ出せない
発展途上国と(⑯　　　　　　　　)(先進国)の間の経済格差。
→途上国：南に多い，先進国：北に多い。

▶ (⑰　　　　　　　　)…急速に経済成長している発展途上国。

● (⑱　　　　　　　　)(NIES)…韓国・台湾・ホンコン(香港)・
シンガポール。1960年代以降工業化が進んだ。

● (⑲　　　　　　　　)…ブラジル・ロシア連邦・インド・中国・
南アフリカ共和国。広大な国土や多くの人口，資源を持ち，
2000年代以降に急速に経済成長。

▶ 新興国の発言力の増大。主要国首脳会議(サミット)は，G8か
ら新興国を加えたG20(トゥエンティ)へ。

▶ (⑳　　　　　　　　)…途上国の間での経済格差(新興国⇔サ
ハラ砂漠以南のアフリカなど)。

満点★ミッション

⑨地域主義
近接する国々が協力
関係を強める動き。

⑩ヨーロッパ連合
(EU)
ヨーロッパの統合を
目指す地域連合。

⑪ユーロ
EUの共通通貨。

⑫東南アジア諸国
連合(アセアン)(ASEAN)
東南アジア10か国。

⑬アジア太平洋経済
協力会議(エイペック)(APEC)
アジア太平洋地域の
経済協力を進める。

⑭発展途上国(とじょう)
新興国以外は先進国
との間に経済格差。

⑮南北問題
途上国と先進国との
間の経済格差。

⑯先進工業国
世界でもいち早く経
済発展をとげた国。

⑰新興国
急速に経済成長して
いる発展途上国。

⑱新興工業経済地域(ニーズ)
(NIES)
韓国(かんこく)・台湾(たいわん)など。

⑲BRICS(ブリックス)
ブラジル・ロシア連(れん)
邦(ぼう)・インド・中国・
南アフリカ共和国。

⑳南南問題
途上国の間での経済
格差。

テストに出る！
予想問題

1節　国際社会の仕組み②

⏰ 30分

/100点

1 国際連合について，次の問いに答えなさい。

(3)②は6点，他は4点×11〔50点〕

(1) 国際連合の本部がある都市はどこですか。　（　　　　　　）

(2) 次の説明にあてはまる国際連合の機関を，右の図中からそれぞれ選びなさい。

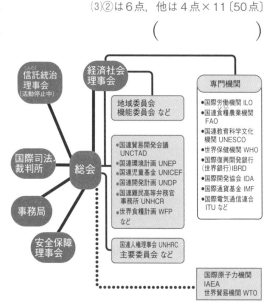

① 全ての加盟国からなり，年1回定期的に開かれる。　（　　　　　　）

② 感染症（かんせんしょう）対策など，世界の人々の健康・衛生を向上させる。
（　　　　　　）

③ 国際的な経済・社会・人権の問題を扱う。　（　　　　　　）

④ 教育・科学・文化の分野で国際協力を進める。　（　　　　　　）

よく出る (3) 図中の安全保障理事会について，次の問いに答えなさい。

① 安全保障理事会の常任理事国は5か国あります。それは，アメリカ，イギリス，フランス，中国とあともう1か国はどこですか。　（　　　　　　）

記述 ② 安全保障理事会では，重要事項の決議ができなくなることがありますが，その理由を簡単に書きなさい。（　　　　　　　　　　　　　　　　　）

(4) 国連の仕組みや活動について，正しいものを次から選びなさい。　（　　　）

ア 国連分担金を多く収めている上位5か国は，すべて常任理事国である。

イ 加盟国は安保理の決定に従う義務はないが，総会決議には従わなければならない。

ウ 常任理事国や非常任理事国を増やすべきだという主張がある。

(5) 国連が紛争（ふんそう）後に行う，停戦の監視（かんし）などの活動を何といいますか。漢字6字で書きなさい。
（　　　　　　）

(6) 地球規模の課題の解決に向けて，2030年までに達成することを目指した17個の目標を，アルファベット4字で何といいますか。　（　　　　　　）

(7) 次の①・②にあてはまる語句を□□からそれぞれ選びなさい。

① 総会ではこの考えに基づき，加盟国に平等に1票が与えられている。　（　　　　　　）

② 安保理（あんぽり）ではこの考えに基づき，侵略（しんりゃく）を行った国に対し，制裁を加えることができる。　（　　　　　　）

推定無罪
内政不干渉（かんしょう）
主権平等
集団安全保障

ちょっとひといき　資料が多くても落ち着いて，まず問題をよく読もう！

2 次の文を読んで，あとの問いに答えなさい。　(2)①は6点，他は4点×11〔50点〕

> 近年，a（　A　）(EU)のように，b いくつかの国がまとまり，協力体制を強めよう
> とする動きが強まっている。その一方で，発展途上国と（　B　）との経済格差が問題と
> なっている。さらには発展途上国の中でも，c 急速に経済成長する新興国が現れたため，
> d 発展途上国の間での経済格差が問題になり，今日の国際関係を複雑にしている。

(1)　A・Bにあてはまる語句を書きなさい。A（　　　　　　）　B（　　　　　　）

(2)　下線部 a について，次の問いに答えなさい。

✓記述　①　EU内での経済面での統合について，例を挙げて簡単に書きなさい。
　　　　　（　　　　　　　　　　　　　　　　　　　　　　　　　）

②　2020年にEUを離脱した国はどこですか。　　　　（　　　　　　）

(3)　下線部 b について，右の地図を
見て次の問いに答えなさい。

①　下線部 b を漢字4字で何とい
いますか。　（　　　　　　）

②　地図中のX・Yにあてはまる
①の名称を，□□からそれぞれ選
びなさい。

X　1967年に発足し，10か国が
加盟。　　（　　　　　　）

Y　2018年に発足した，太平洋を取り囲む国々の
経済関係を強化する協定。（　　　　　　）

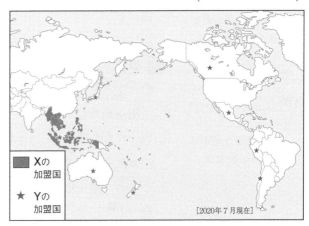

[2020年7月現在]

X の
加盟国

★ Y の
加盟国

エイペック	アセアン	ブリックス
APEC	ASEAN	BRICS
エイト	トゥエンティー	メルコスール
G8	G20	MERCOSUR
ニーズ		
NIES	TPP11	

よく出る　(4)　下線部 c について，次のまとまりの略称を，□□
からそれぞれ選びなさい。

①　1960年代以降に発展した韓国，台湾，ホンコンなどの新興工業経済地域。
　　　　　　　　　　　　　　　　　　　　　　　　（　　　　　　）

②　2000年代に発展した，広大な国土や多くの人口を持つ，ブラジル，ロシア連邦，イン
ド，中国，南アフリカ共和国の5か国。　　　　　（　　　　　　）

③　従来の主要国首脳会議(サミット)に新興国を加えたもの。　（　　　　　　）

(5)　下線部 d の問題を何といいますか。　　　　　　　　　（　　　　　　）

(6)　地域の結び付きについて，誤っているものを次から選びなさい。　（　　　）

ア　加盟国どうしが結び付きを強めると，経済格差は起こらなくなる。

イ　グローバル化が進んだ結果，それぞれの国どうしは相互依存の関係にある。

ウ　自国中心の考えから，協力体制から離脱する国もある。

2節　さまざまな国際問題　　3節　これからの地球社会と日本

満点★ミッション

❶**地球温暖化**
地球の気温上昇による環境破壊。

❷**温室効果ガス**
地球温暖化の原因。

❸**地球サミット**
1992年，ブラジルで開催された国連環境開発会議の別名。

❹**パリ協定**
2015年，各国が温室効果ガス削減を約束。

❺**原子力発電**
核分裂による発電。

❻**再生可能エネルギー**
資源・環境の両面でクリーンなエネルギー。

❼**貧困**
生活に必要なものが不足していること。

❽**飢餓**
栄養不足が続く状態。

❾**フェアトレード**
途上国の製品を公正な価格で取り引きすること。

❿**マイクロクレジット**
貧しい人向けの少額融資。

テストに出る！ **ココ**が**要点**　　解答 p.16

1 地球環境問題　　教 p.192〜p.193

▷ 　**地球環境問題**…国境をこえた環境問題。**砂漠化**，大気汚染，**酸性雨**，海洋汚染，生物の絶滅，フロンガスによる**オゾン層破壊**など。

▷ 　(**❶**　　　　　　　　　)…大気中に排出された**二酸化炭素**などの(**❷**　　　　　　　　　)が原因。作物の不作，自然災害を招く懸念。

▷ 　国連環境開発会議((**❸**　　　　　　　　　))…1992年開催。気候変動枠組条約や生物多様性条約が調印された。

▷ 　**京都議定書**…1997年採択。先進国に温室効果ガス削減を義務化。

▷ 　(**❹**　　　　　　　　　)…2015年採択。途上国を含む各国・各地域がそれぞれ立てた，**温室効果ガス**の削減目標に取り組む。

2 資源・エネルギー問題　　教 p.194〜p.195

▷ 　**化石燃料**…石炭・石油・天然ガスなど。有限で二酸化炭素を排出→新たなエネルギー資源の開発が求められている。

▷ 　日本の電力…**火力発電・水力発電**・(**❺**　　　　　　　　　)で供給

　　●**原子力発電**は**二酸化炭素**を排出しないが，放射性物質を扱うため，重大事故の原因となる(＝**原発事故**)。

▷ 　(**❻**　　　　　　　　　)…資源確保の必要がなく，二酸化炭素を排出しないエネルギー。**太陽光**，地熱，風力，**バイオマス**など。

　　●問題点…費用が高く，自然条件に左右されやすい。

3 貧困問題　　教 p.198〜p.199

▷ 　人口が急激に増加。**アジアやアフリカ**の**途上国**で増加率が高い。

▷ 　(**❼**　　　　　　　　　)…1日1.9ドル未満で暮らす状態。**社会資本**や社会保障制度の未整備，**教育機会**の不足などが背景に。

▷ 　(**❽**　　　　　　　　　)…栄養不足が長く続く状態。途上国では農業生産が不十分で，さらに自然災害や地域**紛争**などで食料が不足。

▷ 　途上国の自立に向けて…国連は**持続可能な開発目標**(SDGs)で，貧困や飢餓をなくし，教育を普及させる取り組みを行う。

　　●(**❾**　　　　　　　　　)(**公正貿易**)…途上国の農作物などを，労働に見合う**公正な価格**で取り引きすること。

　　●(**❿**　　　　　　　　　)(**少額融資**)…貧しい人が新規事業を開始するために少額のお金を貸し出すこと。

4 新しい戦争　教 p.200〜p.201

▶ 新しい戦争…**冷戦終結**後の，**地域紛争**や**テロリズム**などの戦い。

● (⓫ 　　　　　　　)…国内や周辺諸国で巻き起こる戦争。異なる**宗教**や**民族**を弾圧する (⓬ 　　　　　　　) が多い。

● (⓭ 　　　　　　　)…特定の集団による暴力。宗教のちがいや貧困が背景←**アメリカ同時多発テロ**(2001年)など。

▶ 戦争を防ぐためには，(⓮ 　　　　　　　) を進める必要がある。
→**核兵器**や**化学兵器**などの大量破壊兵器の廃絶。

→ (⓯ 　　　　　　　)…1968年採択。当時の核保有国を除き，新たな核兵器を禁止した。

▶ **地雷**の廃絶に向けて，対人地雷全面禁止条約が1997年に採択。

5 難民問題　教 p.202〜p.203

▶ (⓰ 　　　　　　　)…紛争や貧困，自然災害などにより，生活する場所を奪われた人々←**シリア内戦**による難民など。

▶ **国連難民高等弁務官事務所**(UNHCR)が支援。
→難民キャンプを設置し，食料や生活用品などの援助をする。

▶ 問題点…難民を受け入れる周辺国の対応が難しく，ヨーロッパでは**移民**の対応をめぐって意見が対立した。
→地域紛争などの問題を根本的に解決しなければならない。

6 世界と協力する日本　教 p.204〜p.205

▶ 戦後の日本は，(⓱ 　　　　　　　) と**国際貢献**を重視してきた。

▶ (⓲ 　　　　　　　) (ODA)…技術援助などによって，途上国の開発を支援する。**SDGs**の達成に向け，積極的に取り組む。

▶ 戦後の日本外交…**アメリカ**との関係が重要だが，東アジア・東南アジアの国々との関係も大切。

▶ **朝鮮民主主義人民共和国**(北朝鮮)…核実験，**拉致問題**が未解決。

7 より良い地球社会を目指して　教 p.206〜p.207

▶ **多様性**…世界各地に多様な民族，文化，宗教があることで，地球社会を豊かにしている。

▶ (⓳ 　　　　　　　) **条約**…UNESCOが提案し1972年に採択。世界の自然や文化財を**世界遺産**として保護することを規定。

▶ (⓴ 　　　　　　　)…国だけでなく，一人一人の命や人権を守るという考え。

⓫**地域紛争**
国内や周辺諸国で巻き起こる戦争。

⓬**民族紛争**
異なる宗教や民族への弾圧で起こる紛争。

⓭**テロリズム(テロ)**
特定集団による暴力。

⓮**軍縮**
大量破壊兵器の廃絶を進めること。

⓯**核拡散防止条約**
1968年に結ばれた，新たな核保有国を禁止する条約。

⓰**難民**
紛争などで周辺国へ逃れた人々。

⓱**平和主義**
日本国憲法の前文と第9条で規定。

⓲**政府開発援助(ODA)**
途上国への資金援助や技術協力。

⓳**世界遺産**
将来に残すべき自然や文化財。

⓴**人間の安全保障**
国だけでなく，一人一人の命や人権を守るという考え。

テストに出る！
予想問題

2節　さまざまな国際問題
3節　これからの地球社会と日本

⏰ 30分

/100点

1 右の年表を見て，次の問いに答えなさい。

10点×5〔50点〕

(1) 右の年表は，ある地球環境問題への国際的な取り組みについて示したものです。この環境問題は何ですか。　（　　　　　　　　）

1992	a 国連環境開発会議が開催される
1997	b 京都議定書が採択される
2015	c パリ協定が採択される

(2) 年表中のa～cのできごとのうち，a・cにあてはまるものを次からそれぞれ選びなさい。

ア　温室効果ガスの削減義務が先進国のみに課せられた。　　a（　　　）　c（　　　）

イ　温室効果ガスの削減目標が先進国・途上国を含む各国・各地域に設定された。

ウ　地球サミットともよばれ，気候変動枠組条約などが調印された。

よく出る (3) この環境問題の原因となる温室効果ガスを排出しない，太陽光，風力，地熱などのエネルギーを何といいますか。　　　　　　　　　　　（　　　　　　　　）

記述 (4) (3)のエネルギーをより実用化させていくことが将来の世代にとって重要な理由を，環境問題以外の視点から簡単に書きなさい。

（　　　　　　　　　　　　　　　　　　　　　　　　　　　　　　　）

2 次の文を読んで，あとの問いに答えなさい。

10点×5〔50点〕

> 現在世界には，a さまざまな文化や民族などの多様性が広まっている。一方で，地域紛争や，特定集団による暴力である（　A　）など，さまざまな問題をかかえている。途上国では b 人口増加に経済発展が追いつかず，多くの人が貧困に直面している。こうした c 紛争による迫害や貧困のために，自国に住めなくなる人々もいる。世界平和のために，国だけでなく一人一人の命や人権を守るという，（　B　）の考え方が重要視されている。

(1) A・Bにあてはまる語句を書きなさい。A（　　　　　　　）　B（　　　　　　　）

(2) 下線部 a について，UNESCOによって登録・保護された，人類が共有すべき文化財や自然のことを何といいますか。　（　　　　　　　　）

(3) 下線部 b について，右のグラフは地域別の将来の人口予測を示しており，X～Zにはアフリカ，北・中央アメリカ，ヨーロッパのいずれかの地域があてはまります。Zはどこの地域ですか。　（　　　　　　　）

よく出る (4) 下線部 c について，このような理由で国外にのがれて生活する人々を何といいますか。

（　　　　　　　）

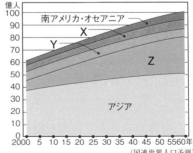
（国連世界人口予測）

ちょっとひといき　1冊最後まで使い切ってえらい！ おめでとう！

中間・期末の攻略本

解答と解説

取りはずして使えます!

東京書籍版　社会公民

第1章　現代社会と私たち

p.2　ココが要点

❶持続可能　　❷東日本大震災（しんさい）
❸社会参画　　❹競争
❺食料自給率　❻協力
❼合計特殊出生率（ごうけいとくしゅしゅっしょう）
❽核家族（かくかぞく）　❾人工知能
❿リテラシー

p.3　予想問題

1 (1)国際分業
　　(2)グローバル化
　　(3)〈例〉食料自給率が低いこと。

2 (1)少子高齢（こうれい）
　　(2)イ
　　(3)持続可能な社会

3 (1)情報リテラシー
　　(2)情報モラル
　　(3)ICT
　　(4)AI

解説

1 (1)国家間でより良いものをより安く作ろうとする「**国際競争**」が進んだ結果，自国の得意な産業に特化する「**国際分業**」が生まれた。
(3)グラフからは，特に小麦・肉類・魚介類・果実の自給率が低下していることが読み取れる。安価な外国産が輸入されるようになったことなどが背景にある。

2 (2)女性の社会進出などにより結婚する年齢は高くなっており，それによって子どもを生む年齢も高くなり，少子化が進む一因になっている。

3 (1)(2)**情報リテラシー**と**情報モラル**は混同しやすい。さまざまな情報があふれる中から，自分

の必要な情報を選んで活用していく力が情報リテラシー。インターネット上に個人情報や他人の悪口を書きこむようなことをしない，正しい態度が情報モラル。

もひとつプラス

一人の女性が一生のうち平均で何人の子どもを生むかを表す数値を，合計特殊出生率という。2.1を下回ると，人口が減少するとされている。

練習しよう 高齢化の「齢」を攻略！

齢

p.4　ココが要点

❶文化　　　　❷科学
❸宗教　　　　❹芸術
❺伝統文化　　❻年中行事
❼琉球（りゅうきゅう）　❽アイヌ
❾文化財保護　❿多文化共生
⓫ダイバーシティ
⓬ユニバーサルデザイン

p.5　予想問題

1 (1)aウ　　bア　　cイ
　　(2)能，歌舞伎（かぶき），狂言（きょうげん）などから1つ
　　(3)年中行事
　　(4)沖縄県
　　(5)文化財保護法

2 (1)①ユニバーサルデザイン
　　　②ダイバーシティ
　　(2)多文化共生

解説

1 (1)富士山は**ア**のような宗教的な側面，**イ**のような芸術的な側面，**ウ**のような科学的な側面を備えている。ちなみに富士山は自然遺産ではな

く，文化遺産として世界遺産に登録されている。

(4)エイサーは伝統芸能，紅型は伝統的な工芸で，いずれも琉球文化。琉球文化は鹿児島県の奄美群島にもあるが，中心は沖縄県である。

2 (1)**ダイバーシティ**は「多様性」という意味だが，②のように多様性を受け入れることでさまざまな人材を雇用しようとする，企業の方針として用いられることも多い。**ユニバーサルデザイン**は，「だれにでも利用しやすいデザイン」。①の例は，イラストを用いることで，外国人や子どもだけでなく，日本語が読める人にもわかりやすい表示になっている。

練習しよう 琉球文化の「琉球」を攻略！

琉	球					

p.6　ココが要点
p.6 　**ココが要点**
❶家族　　　　　❷社会的存在
❸対立　　　　　❹合意
❺義務　　　　　❻全会一致（いっち）
❼多数決　　　　❽少数意見
❾効率　　　　　❿公正
⓫共生社会

p.7 　**予想問題**

1 (1)家族
(2)〈例〉人間は社会集団に所属しなければ，生きて成長し，生活を豊かにすることができないから。

2 (1)A権利　　B責任
(2)aウ　　bア
(3)①Xウ　　Yア
②全会一致　　③少数意見の尊重

解説

1 (1)家族は最も小さい社会集団といえる。日本国憲法では，家族について，個人の尊厳と男女の平等を定めている。
(2)「社会集団に所属しないと生きていけない」「社会集団の中で能力をのばすことができる」などと同趣旨のことが書いてあれば正解。

2 (2)**ア**ピアノを使えないクラスがあったり，一部のクラスだけ多く使えたりすると，**機会や結果の公正さ**が成立しない。**イ**は無駄がない**効率**

への配慮。**ウ**一部のクラス代表だけで決めてしまうと，**手続きの公正さ**が成立しない。

(3)①**ウ→ア→イ**の順に決定に時間がかからなくなるが，その順にみんなの意見も反映されにくくなる。③多数決を用いて結論を出す前には十分に議論をして少数の意見も尊重しなければならない。

第2章　個人の尊重と日本国憲法

p.8〜p.9 　**ココが要点**
❶基本的人権　　　　❷自由権
❸社会権　　　　　　❹憲法
❺大日本帝国憲法（ていこく）
❻日本国憲法
❼基本的人権の尊重
❽平和主義　　　　　❾三権分立
❿国民主権
⓫憲法改正の発議
⓬天皇　　　　　　　⓭国事行為（こうい）
⓮自衛隊　　　　　　⓯日米安全保障（にちべい）
⓰非核三原則　　　　⓱個人
⓲法の下
⓳子ども〔児童〕の権利

p.10〜p.11 　**予想問題**

1 (1)①ルソー　　②モンテスキュー
(2)法の支配

2 (1)A大日本帝国憲法　　B欽定（きんてい）
C1946年11月3日
(2)象徴（しょうちょう）
(3)〈例〉臣民（しんみん）の権利は法律によって制限されていた。
(4)①ウ　　②国民投票　　③国事行為

3 (1)基本的人権
(2)①X国際平和　　Y武力　　Z国際紛争
②9
(3)自衛隊
(4)集団的自衛権
(5)持たず，作らず，持ちこませず。

4 (1)A自由権　　B社会権
(2)X個人　　Y法の下　　Z差別
(3)子どもの権利条約〔児童の権利条約〕

2

解説

1 (1)①・②はフランスの思想家で，アメリカの独立やフランス革命に影響を与えた。ロックは権利章典に影響を与えたイギリスの思想家。

(2)国民の代表が法律を作ることで，政治権力が制限されるとともに，法律を作る権力（立法権）と政治を行う権力（行政権）が分かれるため，権力分立も行われることになる。

2 (1)B「欽」は，皇帝や天皇に関する物事につける敬語。C施行されたのは1947年5月3日。

(3)人権が法律で制限されるという原則であったため，治安維持法のような自由権を厳しく抑圧する法律も作られた。

(4)①通常の法律などは出席議員の過半数で成立する。総議員の3分の2以上と定めた憲法改正がより慎重であることがわかる。③**国事行為**にはこのほか，内閣総理大臣の任命や国会の召集，栄典の授与などがある。

3 (2)憲法第9条第1項の条文。全てを覚える必要はないが，キーワードは押さえたい。第2項には重要なキーワード「交戦権」が登場する。

(3)**自衛隊**はPKOなどの国際協力や災害派遣でも活躍している。

(4)同盟関係にある他国の防衛活動に参加する権利。日本政府は，憲法上使えないという立場にあったが，2014年に限定的に使えるという見解に変更された。

(5)日本は唯一の被爆国でもあり，**非核三原則**を沖縄の復帰（1972年）に先立ち，前年の国会で決議した。

4 (1)自由権・社会権・参政権などの3つの人権の土台に平等権があるという図式になる。

(2)憲法第13条の「**個人の尊重**」と第14条の「**法の下の平等**」が全ての人権の基本となる考え方である。

➕もひとつプラス　国会の議決に必要な人数

法律案や予算の議決	出席議員の過半数
衆議院における法律案の再議決など	出席議員の3分の2以上
憲法改正の発議	総議員の3分の2以上

練習しよう　「象徴」を攻略！

象徴

p.12　ココが要点

❶平等権　　　　　　　❷部落差別
❸アイヌ民族支援
❹男女雇用機会均等
❺男女共同参画社会
❻インクルージョン
❼バリアフリー　　　　❽障害者
❾障害者差別解消

p.13　予想問題

1 (1)Aイ　　Bエ　　Cア
(2)部落差別解消推進法
(3)先住民族

2 (1)A男女共同参画社会基本法
　　　Bセクシュアル・ハラスメント
(2)育児・介護休業法
(3)〈例〉階段・段差があるところのスロープ，点字ブロック，ノンステップバス，音響式信号機，多目的トイレ，などから1つ。
(4)ウ

解説

1 (1)A江戸時代にえた身分，ひにん身分とされた人々は明治時代に平民とされたが，解放政策が不十分だったため，その後も差別が残った。Bアイヌ民族は北海道を中心に独自の文化を持って生活していたが，明治時代の北海道開拓の際に，伝統的な風習などを否定する同化政策が行われた。C1910年の韓国併合後，朝鮮半島から多くの人々が日本に移り住み，日本が植民地支配を行っているという優越的な感情もあり，差別が生まれていった。**ウ**の戦後の経済成長は，ここにはあてはまる差別はないが，この時期に起こった公害病患者への偏見や差別も存在する。

(2)全国水平社の結成（1922年）→同和対策審議会の答申（1965年）→部落差別解消推進法（2016年）となる

2 (1)Bセクハラともいい，男性から女性へのいやがらせが多かったが，女性から男性，また同性から同性への性的ないやがらせも存在する。

(3)このほか補助犬入店可の表示や，駅のホームへのエレベーター設置，電車の優先席なども**バリアフリー**にあてはまる。

(4)**ア**のように障がいのある人を区別したり，**イ**のように障がいのない人と同じ生活を強いることは**インクルージョン**にはならない。**ウ**のようにさまざまなちがいを認めて理解し合うことが重要。

❶自由権　　　　　　❷精神の自由
❸身体の自由　　　　❹経済活動の自由
❺社会権　　　　　　❻生存権
❼教育を受ける　　　❽勤労
❾労働基本　　　　　❿団結
⓫団体行動

1 (1)a 信教　　b 令状
　　　c 職業選択
　　(2)① C　　② A　　③ B
2 (1)A 最低限度　　B 勤労
　　(2)〈例〉貧富の差が広がったから
　　(3)b 生活保護法　　c 教育基本法
　　(4)ア

解説

1 (1)a 国民が自由に宗教を信仰する**信教の自由**を保障する一方で，国が宗教の問題に関わらないという**政教分離**の原則もある。c 居住・移転・職業選択の自由は，憲法第22条でいっしょに保障されている。

(2)①経済活動を自由に放任すると，貧富の差が広がったり，弱者の人権が侵害されやすくなったりするため，法律や**公共の福祉**による制限を受けやすい。②国民が自由に考え意見を発表することを保障した精神の自由は，民主主義を成立させるための重要な権利である。③**身体の自由**では，資料にある奴隷的拘束・苦役からの自由のほか，拷問や残虐な刑罰により身体に危害を加えることも禁止している。

2 (1)A憲法第25条にある「健康で**文化的な最低限度の生活を営む権利**」の部分は，どこを問われても答えられるようにしておきたい。B前後

の文脈から働くことに関する権利であることがわかる。

(2)19世紀を中心に産業革命が起こったことにより資本主義経済が発達し，資本家や地主などの富裕な階層と，労働者や小作人などの貧困な階層の格差が拡大した。後者の階層が人間らしい生活を求めたことから，社会権の考え方が生まれた。

(3)b「生活に困っている人を支援する仕組み」とは，**生活保護**のことである。なお，障害者基本法と男女雇用機会均等法は，どちらかというと平等権に関係する法律である。

(4)**イ**と**ウ**の権利と内容の組み合わせがそれぞれ逆になっている。

❶参政権　　　　　　❷選挙権
❸被選挙権　　　　　❹請求権
❺裁判を受ける　　　❻公共の福祉
❼義務　　　　　　　❽普通教育
❾勤労　　　　　　　❿納税

1 (1)A 国民投票　　B 国民審査
　　(2)①18歳以上
　　　②〈例〉選挙に立候補する権利。
　　(3)① c　　② b
2 (1)A 不断の　　B 濫用
　　(2)公共の福祉
　　(3)イ
　　(4)(子どもに)普通教育を受けさせる義務
　　　勤労の義務(順不同)

解説

1 (1)A・Bともに「国民」から始まるので混同しやすいが，Aは国会から発議された憲法改正案が適切であるかどうかの「投票」，Bは内閣が任命した最高裁判所の裁判官が適任であるかどうかの「審査」である。

(2)①戦後70年近く，選挙権は20歳以上に認められていたが，2016年から18歳以上に引き下げられた。②被選挙権を持つ年齢は参議院議員と都道府県知事が30歳以上，他は25歳以上である。

(3)①無実の罪で逮捕・拘留された人のための保

障が**刑事補償請求権**，②国や地方の政策が誤っていたことで不利益を受けた人のための保障が**国家賠償請求権**である。①・②ともに裁判によって証明されることが多いため，裁判を受ける権利によって成り立つ権利であるともいえる。

② (1)A「不断の」とはとだえなく続く様子という意味。先人が生命をかけて獲得した人権を保持するために，現代を生きる国民も努力しなければならないということ。B「濫用」とはむやみやたらに使うこと，という意味で，他人や社会に損害を与えてまで自己の人権を主張することを否定的に表現している。

(3)**ア**は財産権の保障，**ウ**は労働基本権が**公共の福祉**によって制限された例。**イ**の表現の自由は個人の名誉を傷つけるものでない限り，最大限保障される。

(4)普通教育を受けさせる義務は教育を受ける権利と，勤労の義務は勤労の権利と同時に成立する。**納税の義務**だけがこれら二つと異なるが，国民が納めた税金によりさまざまな公共のサービスが可能になるので，この義務も間接的には人権と結び付いている。

+もじとっプラス 公共の福祉による人権制限の例

人権の内容	制限される場合
表現の自由	名誉を傷つける行為の禁止
	選挙運動の制限
集会・結社の自由	デモの規制
居住・移転の自由	感染症による強制入院
営業の自由	資格のない人の営業の禁止
	企業の不公正な取引の禁止
	希少動物の取引の禁止
労働基本権	公務員のストライキの禁止
財産権の保障	不備な建築の禁止
	道路や空港建設のための土地の収用

練習しよう 「濫用」を攻略！

濫用

p.18 ココが要点
❶環境権
❷環境アセスメント
❸自己決定権
❹知る権利
❺情報公開
❻プライバシー

❼マスメディア
❽個人情報保護
❾世界人権
❿国際人権
⓫女子差別撤廃

p.19 予想問題

① (1)〈例〉側面が階段状になっている〔上の階になるほどせまくなっている〕。
(2)①ア　②自己決定権
(3)プライバシーの権利〔肖像権〕
(4)知る権利
(5)幸福追求権

② (1)国際人権
(2)ア
(3)アイヌ民族
(4)ＮＧＯ

解説

① (1)教科書p.62の写真のような形のマンションとなる。マンションの近くにある家にも太陽の光が届きやすくなる。
(2)①医師から複数の治療法を聞き，納得したうえで治療を行う**インフォームド・コンセント**である。②**自己決定権**は医療に関係するものが多く，医療の発達を背景に成立した人権である。
(3)映像の管理者が興味本位で映像を見たり，「知人が異性の友人と歩いていた」などの情報を他人にもらしたりすることで，プライバシー侵害が起こる可能性がある。
(4)情報公開制度は，**知る権利**を具体化する制度。
(5)生存権は社会権の中心となる権利。また，請願権は参政権の１つである。

② (1)世界人権宣言には法的な拘束力はないが，国際人権規約は条約にあたるので，締結した国には規約の内容を実行する義務が生じる。
(2)男女雇用機会均等法は，仕事における男女差別をなくすためのもので，女子差別撤廃条約の採択を受けて制定された。
(3)さらに2019年にアイヌ民族支援法が制定され，アイヌ民族が先住民族として法的に位置付けられた。
(4)紛争地や被災地に医師を派遣する「国境なき医師団」，人権保護活動を行うアムネスティ・インターナショナルなどがNGOの例である。

第3章　現代の民主政治と社会

p.22～p.23 予想問題

1. (1)民主主義
　(2)基本的人権の尊重
　(3)議会制民主主義
　(4)①多数決の原理
　　　②少数意見の尊重
2. (1)エ
　(2)〈例〉1つの選挙区から一人の代表を選ぶ。
　(3)比例代表制
　(4)衆議院議員選挙
　(5)死票
3. (1)A・B (順不同)
　(2)野党
　(3)内閣
　(4)政権公約
　(5)イ
4. (1)世論
　(2)マスメディア
　(3)ウ
5. (1)〈例〉若い世代ほど投票率が低くなる傾向
　　　がある。
　(2)一票の格差

解説
1. (2)この文では自由権と平等権について説明している。
　(3)国民が選んだ代表が議会で物事を決めるということで、国民が間接的に政治に参加することから間接民主制とよばれる。代議制とよばれる

こともある。
　(4)②たとえ多数の賛成によって決まったことでも、そのことで少数の権利が侵害されてはならない。そのため、少数の意見によく耳を傾けることが大切になる。

2. (1)**エ秘密選挙**はだれに投票したかの秘密を保障するため、投票は無記名で行われる。政治権力の反対派に投票した人が弾圧される制度では、民主的な政治は行われない。
　(2)**B**の大選挙区制では、一つの選挙区から二人以上の代表を選ぶ。
　(3)候補者ではなく政党が得票している点に着目する。
　(4)**小選挙区比例代表並立制**という。小選挙区で落選した候補が、比例代表で復活当選というケースもある。
　(5)死票は小選挙区制で多く、大選挙区制や比例代表制は小選挙区制より死票が少ない。

3. (1)「政権を担当」している党を選ぶ。
　(2)**野党**は与党の監視や批判を行う。
　(3)最も多くの議席を得た党の党首が内閣総理大臣となることが多い。
　(4)**政権公約**では単に理想を述べるだけでなく、それを実現するための具体的な財源なども記載する必要がある。
　(5)**イ**複数（二つ）の政党が与党となっているので、連立政権が成立している。**ア**与党第一党のA党と野党第一党のC党で議席のほとんどがしめられていれば二党制といえるが、この図からはそれは読み取れない。**ウ**選挙前の与党がC党またはD党であれば政権交代が行われたことになるが、これも図からは読み取れない。

4. (1)(2)**世論**は、**マスメディア**が行う世論調査などで示されることが多い。内閣支持率も世論の一つで、具体的な数値を伴っているためわかりやすいが、政治家の発言などで高下することも多く、鵜呑みにしないことも大切である。
　(3)**ウ**インターネットやSNSの情報の中にはきちんとした裏付けを取らずに書かれたものも多いため、新聞やテレビに比べて信頼できるとは言いがたい面もある。**ア**新聞には現政権に肯定的な新聞社、否定的な新聞社が発行しているものもある。**イ**新聞を読む際は、どこからどこまで

が事実を述べた部分で，どこからどこまでが意見の部分なのかを意識的に読んでみる。**エ**第1章で学んだ**情報リテラシー**のうち，とくにマスメディアに関する能力を**メディアリテラシー**という。

5 (1)10歳代が20歳代にくらべてやや高いものの，若い世代になるほど投票率が低い。投票率が高い中高年寄りの政策が行われ，若者に配慮した政治が行われにくくなるというおそれもある。
(2)一般に「一票の価値が高い」とされる選挙区は地方の過疎地域，「一票の価値が低い」とされる選挙区は都市部の人口集中地域が多い。是正のためには，前者の選挙区をより広域に，後者の選挙区をより狭くしていくことが考えられるが，前者の場合は非常に面積の広い選挙区から1人の代表しか出せないという問題になる。過疎化・少子高齢化による人口の変化などと合わせて考えなければならない問題である。

p.24	ココ が 要点
❶国会	❷国権の最高機関
❸衆議院	❹参議院
❺常会〔通常国会〕	❻本会議
❼衆議院の優越	❽行政
❾内閣総理大臣	❿国政調査権

p.25 予想問題

1 (1)A 最高　　B 立法
(2)二院制〔両院制〕
(3)特別会

2 (1)内閣
(2)委員会
(3)①ア
　②〈例〉衆議院は任期が短く解散もあるため，国民の意見とより強く結び付いているから。
(4)国政調査権
(5)承認

解説

1 (1)A 国会は主権を持つ国民の代表機関であるため，内閣や裁判所よりも高い地位にある。B立法とは法律を作ること。法律を作ることができるのは国会のみで，内閣の政令，地方公共団

体の条例は，法律よりも低い地位にあり，法律の範囲内でしか作ることができない。
(2)多くの国で，より国民に結び付いた下院(日本の衆議院)の行きすぎを防ぐ目的で，上院(日本の参議院)を置く**二院制**が採られている。
(3)衆議院総選挙の30日以内という指定から，特別会となる。**常会**は毎年1回，1月中に召集される。**臨時会**は必要に応じて開かれ，緊急集会は衆議院の解散中に，緊急の事態が起こったときに開かれる参議院のみの国会。

2 (1)法律案を提出できるのは，内閣か国会議員。国会議員提出の法律を議員立法というが，日本では政府立法(内閣提出の法律)よりも議員立法が成立しにくいという問題がある。
(2)「分野別に数十人」という記述から，**委員会**。**本会議**は議員全員から成る。**公聴会**は委員会で関係者や学識経験者から意見を聞く会。
(3)①**イ**は予算の議決，条約の承認，内閣総理大臣の指名で両院の意見が異なるときに行われること。**ウ**は国会の議決とは関係なく，内閣が信用できないときに行われる。②参議院は解散もなく任期が長いため，充実した審議ができる特色があり，「良識の府」ともよばれる。
(5)内閣が締結した条約は，国会が承認し，天皇が公布することで初めて効力を持つ。これを批准という。

p.26	ココ が 要点
❶内閣	❷内閣総理大臣
❸国務大臣	❹議院内閣制
❺総辞職	❻内閣不信任
❼公務員	❽財政
❾行政改革	

p.27 予想問題

1 (1)①首相　②閣議
　③〈例〉過半数は国会議員から選ばれる。
(2)総辞職
(3)議院内閣制
(4)イ

2 (1)全体の奉仕者
(2)大きな政府
(3)①行政改革　②ウ

解説

1 (1)① 「総理」とよばれることもあるが，ここでは首相と書きたい。②閣議は全会一致を原則として行われる。③国務大臣は民間から起用されることもあるが，過半数は国会議員。

(2)日本国憲法下で内閣不信任決議が可決したのは過去4例ある(2020年現在)が，衆議院の解散をせずに総辞職した例はない。

(3)議院内閣制と異なる仕組みとしては，アメリカの大統領制がある。大統領制においては行政権と立法権はより明確に分立している。

(4)**イ弾劾裁判**は国会が裁判所に対して持つ権限。**ア**に関しては予算の審議・議決，**エ**に関しては法律の制定はそれぞれ国会が担当しており，権力の分立が行われている。

2 (1)憲法第15条で定められている。

(2)社会保障が手厚いが税金が多く徴収される(高福祉高負担)政府を「大きな政府」という。国民が全て健康保険に加入する日本は，どちらかというと「大きな政府」であるが，スウェーデンなどは福祉がさらに充実している。

(3)②**ア**幼稚園(文部科学省)と保育所(厚生労働省)で担当省庁が異なるような縦割り行政は，非効率な行政の代表例の一つ。**イ**NTTやJR，日本郵政などは，かつて国営だった企業が**行政改革**により民営化したもの。

練習しよう 内閣の「閣」を攻略！

閣					

p.28 〜 p.29 ココが 要点

❶司法　　　　　❷最高裁判所
❸高等裁判所　　❹三審制
❺控訴　　　　　❻上告
❼独立　　　　　❽民事
❾検察官　　　　❿被告
⓫令状　　　　　⓬弁護人
⓭司法制度　　　⓮裁判員
⓯えん罪　　　　⓰三権分立
⓱立法　　　　　⓲弾劾
⓳行政　　　　　⓴違憲審査
㉑憲法の番人

p.30 〜 p.31 予想問題

1 (1)①上告　　②簡易裁判所
(2)高等裁判所
(3)下級裁判所
(4)〈例〉裁判を慎重に行って間違った判決を防ぎ，人権を守るため。
(5)ウ

2 (1)A原告　　　B和解
　　C被告人　　D起訴
(2)黙秘権
(3)刑事裁判

3 (1)裁判員
(2)司法制度改革
(3)Xえん罪　Y可視化　Z被害者

4 (1)A内閣不信任　　B弾劾裁判所
　　C解散　　　　　D国民審査
　　E最高裁判所長官
(2)憲法の番人
(3)三権分立〔権力分立〕
(4)〈例〉国の権力が一つの機関に集中することを防ぎ，国民の人権を守ること。

解説

1 (1)①一般に，第一審から第二審に訴える手続きを**控訴**，第二審から第三審に訴える手続きを**上告**という。家庭裁判所からの手続きのみ「抗告」という言葉を用いることがある。②簡易裁判所を第一審とする民事裁判のみ，第二審が地方裁判所で，第三審が高等裁判所で行われる。

(2)**最高裁判所**のすぐ下位にあるので高等裁判所。東北地方は仙台市，中部地方は名古屋市など，その地方の中枢都市に置かれることが多い。

(4)指定語句は「人権」だが，「慎重に」という語句も用いたい。

(5)**ウ**内閣も裁判への干渉は認められていない。**ア**憲法第76条③で述べられている。**イ**国会による弾劾裁判。裁判官を辞めさせる機会は，弾劾裁判と国民審査のみに限られている。

2 (1)**C刑事裁判**では罪を犯した疑いのある被疑者が起訴されると被告人とよばれる。民事裁判における被告も含めて，これらの語句の混同に注意したい。

(2)黙秘権は憲法第38条①で保障されている。

(3)国選弁護人は刑事裁判でのみ認められている。

「弁護人」という言い方も刑事裁判のみで，民事裁判では弁護士が原告・被告のそれぞれについて裁判を助けるが，「代理人」とよばれる。

③ (1)殺人や強盗致死などの重大な事件の刑事裁判第一審で，満20歳以上の国民から選ばれた裁判員が審理に加わる。

(3)X 死刑判決を受けた人が新たな証拠が見つかったことにより，裁判のやり直し（再審）を行い，無罪となることも起こっている。死刑は執行されてしまうと取り返しがつかないので，より慎重な捜査と審理が望まれる。Z 被害者参加制度の他，加害者が不起訴処分になった際に，それが適切かどうかを審査する，検察審査会の制度もある。

④ (1)A・C 内閣不信任が決議されると内閣は衆議院を解散するか総辞職しなければならない。
B 問題のある裁判官を辞めさせることができる。
D 最高裁判所の裁判官が適任かどうかの審査は国民が行う。

(3)かつては国王などの政治権力が，立法・行政・司法の全ての権力をにぎっていた。権力の集中を防ぎ，国民の人権を守ることがこの仕組みの最大の目的である。

練習しよう 弾劾裁判の「弾劾」を攻略！

弾劾

p.32〜p.33 ココが 要点

❶地方公共団体　❷地方自治
❸学校　❹地方分権
❺地方議会　❻条例
❼首長(しゅちょう)　❽二元代表制
❾解散　❿不信任
⓫直接請求権(せいきゅう)　⓬地方財政
⓭自主財源　⓮地方税
⓯地方交付税交付金
⓰国庫支出金　⓱地方債(ちほうさい)
⓲過疎(かそ)　⓳住民投票
⓴NPO

p.34〜p.35 予想問題

① (1)特別区
(2)民主主義の学校

(3)イ・ウ(順不同)
(4)地方分権一括法(いっかつ)

② (1)①二元代表制　②エ
(2)〈例〉地方公共団体が法律の範囲内(はんい)で自由に制定できる独自の法。
(3)①X ア　Y エ
②不信任決議

③ (1)A 条例　B 解職
(2)ア
(3)ア
(4)直接請求権
(5)リコール

④ (1)歳入
(2)地方税
(3)①依存財源(いぞん)　②国庫支出金
③地方交付税交付金
(4)過疎
(5)〈例〉地域での経済活動を支援(しえん)することにより，若者の働く場所を増やし，人口の減少を食い止める。

解説

① (1)「東京23区」ともよばれる，新宿区や荒川区など。
(3)複数の市(区)町村にまたがる仕事は，都道府県が担当することが多い。
(4)地方公共団体が，地域の実情にあった独自の政治を行えるようにするために成立した。

② (1)①国政（議院内閣制）では，国民は行政の長(内閣総理大臣)を直接選ぶことができない。
②地方自治の被選挙権は，都道府県知事のみが30歳以上で，他は25歳以上。国会議員では，参議院議員が30歳以上。
(2)指定語句に関連して，「法律の範囲内」が必須。
(3)国会と内閣の関係と同様，地方議会と首長も「抑制」「均衡」の関係にある。

③ (2)首長や議員など，選挙で選ばれた人を辞めさせる請求なので，多くの住民の署名が必要になる。
(3)首長や議会から独立した機関である。
(4)**直接民主制**の考えを取り入れた制度で，国政にはない制度。

④ (1)一年間の支出は歳出とよばれる。
(2)住民税や固定資産税などが地方税として徴収

されている。

(3)①**地方債**も**依存財源**に含まれる。②住民の人口が多く，商工業が発達している(＝税収が多い)地方公共団体の中には，地方交付税交付金を交付されていないところもある。

|練習**しよう**| 地方債の「債」を攻略！

債							

第4章　私たちの暮らしと経済

p.36 ～ p.37　ココが**要点**

❶財　　　　　　　　❷サービス
❸経済　　　　　　　❹家計
❺消費支出　　　　　❻貯蓄
❼希少性　　　　　　❽消費者主権
❾契約　　　　　　　❿契約自由の原則
⓫消費者問題　　　　⓬消費者の権利
⓭消費者保護基本
⓮消費生活センター
⓯クーリング・オフ
⓰製造物責任　　　　⓱消費者契約
⓲消費者基本　　　　⓳流通
⓴商業　　　　　　　㉑流通の合理化

p.38 ～ p.39　予想問題

1 (1)A財　　B家計
(2)ウ
(3)財産収入
(4)①エ　　②貯蓄
　　③電子マネー，プリペイドカード，クレジットカードなどから1つ
(5)〈例〉宇宙飛行士になって宇宙に行ったとき。

2 (1)消費者主権
(2)イ
(3)A安全　　B選択
(4)①消費者契約法　　②クーリング・オフ
　　③製造物責任法
(5)〈例〉資源の節約や環境への配慮を心がける責任。

3 (1)A卸売業者　　B小売業者
(2)商業
(3)①運送業　　②倉庫業

(4)〈例〉流通の合理化を行い，流通にかかる労力や費用をおさえるため。
(5)①PL　　②POS（ポス）　　③PB

解説

1 (2)**サービス**は形のない商品なので，弁当という物を購入している**ウ**は**財**となる。ただし，レストランでの食事はサービスになる。

(3)土地という財産をもとに得た収入なので，**財産収入**となる。財産収入は他に家賃収入や株式や証券からの収入，銀行預金の利子などがある。

(4)①**エ**の税金や社会保険料は**非消費支出**とよばれ，**消費支出**とは区別させる。②他に，土地など財産として残せるものも**貯蓄**となる。

(5)ふだん身の回りにある空気の**希少性**が高くなるのはとても限られた環境。宇宙の他にも，高山や深海など，空気を手に入れにくい環境について書いてあれば正解。

2 (2)**イ**著しく不当な価格でない限り，商品に価格を付けること自体は正当な経済活動であり，消費者に不利益を与えているとは言えない。**ア**商品にはアレルギー原因物質や食品添加物の表示が義務付けられている。**ウ**欠陥住宅による消費者問題も多く報告されている。

(3)ケネディ大統領の「**消費者の四つの権利**」は消費者基本法など，その後の法律や制度にも大きな影響を与えている。

(4)それぞれの法律・制度で，契約の解除や賠償の請求ができる状況の違いがポイント。①は違法な契約全般，②は訪問販売や電話勧誘などで購入したものであれば，商品自体に問題がなくても取り消せる。③は商品が原因でけがなどをした場合の賠償について定めている。

(5)左上から環境負荷の小さい商品に付けられるエコマーク，再生紙を使用した商品に付けられるグリーンマーク，省エネルギー型電化製品に付けられるエネルギースター，省エネルギー基準を満たした電化製品・石油ガス製品に付けられる省エネラベルである。これらのラベルが付いた商品を選んで使うということは，資源や環境に配慮した自立した消費者としての消費生活につながる。

3 (3)不慮の事故による損失を補う保険業や，商品の宣伝を行う広告業も，商業に含まれる。

(4)卸売業者を通さず，生産者から直接商品が**小売業者**に運ばれるため，消費者はより安く新鮮な商品を買うことができる。

(5)①product liability（製造物責任の英訳）の頭文字から。②正式名称は販売時点情報管理（point of sale）システム。③プライベートブランド（private brand）のこと。スーパーマーケットやコンビニエンスストアのマークが入った食料品などをよく見かけるが，実際に生産しているのは食料品メーカーであることが多い。

‖練習**しよう**‖ 「貯蓄」を攻略！

貯	蓄					

p.40〜p.41 **ココ**が**要点**

❶分業
りじゅん
❸利潤
❺技術革新
こうきぎょう
❼公企業
❾社会的責任
⓫株主総会
⓭株価
⓯労働基準
⓱労働関係調整
こよう
⓳終身雇用
㉑非正規労働者

❷企業
❹資本主義
しきぎょう
❻私企業
ちゅうしょうきぎょう
❽中小企業
❿株式会社
とりひきじょ
⓬証券取引所
⓮労働組合
⓰労働組合
⓲ワーク・ライフ
⓴年功序列賃金

p.42〜p.43 **予想問題**

1 (1)A交換　B資本主義　C技術革新
(2)労働力
(3)イ
(4)①私企業　②ウ・エ(順不同)
(5)①ウ　②ベンチャー企業
(6)企業の社会的責任
したう
(7)①起業　②下請け

2 (1)A株主　B配当
　　C株主総会
(2)〈例〉開発した商品がたくさん売れたとき。

3 (1)A賃金　B終身雇用
(2)〈例〉労働者が使用者と対等に交渉するため。
(3)労働関係調整法
ねんれい　　　じょうしょう
(4)〈例〉労働者の賃金が年齢とともに上昇する仕組み。

(5)イ
(6)①ワーク・ライフ・バランス
　②セーフティネット

解説

1 (2)**三つの生産要素**は土地・設備・労働力で，これに準備したお金で買った原材料などを組み合わせて，生産活動を行い，利潤を上げる。
(3)**利潤**は商品（財やサービス）の売り上げから設備にかかったお金，原材料費，労働者の賃金などの必要経費を引いた利益のこと。この利潤の中から新しい商品開発のための経費や，株主への配当が出される。
(4)②**ア**農家は**個人企業**とよばれる**私企業**の一つ。**イ**寺・神社は宗教法人とよばれ，企業にはあたらない。**オ**公立病院は**公企業**になるが，私立病院は私企業となる。
(5)①99％を超える**ウ**が中小企業数となる。**ア**の売上高は中小企業よりも大企業の方が大きい。
(7)②下請けで大企業の部品を作っている中小企業の中には，大企業よりも高い技術力を持っているところもある。

2 (1)B利潤の一部が**株主**に支払われているので**配当**。
(2)大きな利潤をあげそうな企業は，その期待値から株価が上がる。「大きな売り上げを上げたとき」「新しい生産技術を開発したとき」なども正解。

3 (1)B近年は労働の在り方が変化しており，転職や起業をする人が増えてきている。
(2)労働者は使用者に対して弱い立場にあるため，団結して**労働組合**を結成し，対等な立場で交渉を行う。
(4)近年では能力や仕事の成果で賃金を決める能力主義や成果主義を導入する企業も多い。
(5)**ア**派遣労働者も契約労働者も非正規労働者である。**ウ**スーパーマーケットは混雑する特定の時間に人をたくさん雇いたいので，パートやアルバイトを中心に雇用することが多い。
(6)②**セーフティネット**とは，サーカスの綱渡りで，落下したときの安全のために張られる網のこと。労働者が失業したときに保険金を受け取れたり，再就職のための支援を受けられたりする仕組みを，上記の安全網に例えている。

練習**しよう** 利潤の「潤」を攻略！

潤					

p.44 ココが **要点**

❶市場（しじょう）　❷市場経済（じゅよう）
❸需要量（きんこう）　❹供給量
❺均衡価格（きんこう）　❻市場価格（かせん）
❼独占（どくせん）　❽寡占（かせん）
❾独占価格（どくせん）　❿独占禁止法（どくせん）
⓫公正取引委員会（とりひき）　⓬公共料金

p.45 予想問題

1 (1)A市場　B寡占　C公共料金
(2)①X　②均衡価格　③ア
(3)ウ
(4)①独占禁止法　②公正取引委員会
(5)〈例〉これらの商品の価格が変動すると，国民の生活に大きな影響（えいきょう）を与えるため。

解説

1 (2)①**需要量**とは消費者が「買いたい」と思う量である。消費者は値段が安いとたくさん買いたいと思うので，値段が安くなるほど数量が多くなる**X**の曲線が需要曲線である。③**Y**の**供給曲線**が矢印のように右に移動すると，市場の商品の数量が増え，価格が下がっている。**イ・ウ**はいずれも商品の数量が少なく，価格が上がる例。
(3)グラフにおける企業の数が少ないほど，生産の集中（**寡占化**）が進んでいる。
(4)②**公正取引委員会**は内閣府に属する国の機関で，独占行為のほか，消費者の不利になるような販売行為なども禁止している。
(5)供給量に比べて需要量が増えると価格が上がるが，こうした変動が電気や水道料金に反映されやすくなることを避けるため，国や地方公共団体が認可・決定するものとしている。

練習**しよう** 寡占の「寡」を攻略！

寡					

p.46 ～ p.47 ココが **要点**
❶貨幣（かへい）　❷金融（きんゆう）

❸直接金融（きんゆう）　❹間接金融
❺銀行　❻利子〔利息〕
❼預金通貨　❽日本銀行
❾発券銀行　❿政府の銀行
⓫銀行の銀行　⓬景気
⓭インフレーション〔インフレ〕
⓮デフレーション〔デフレ〕
⓯経済成長　⓰金融政策（きんゆう）
⓱公開市場操作　⓲貿易
⓳為替相場〔為替レート〕（かわせ そうば）
⓴円高（えんだか）　㉑円安（えんやす）
㉒空洞化（くうどう）　㉓多国籍（たこくせき）

p.48 ～ p.49 予想問題

1 (1)A金利〔利子率，利率〕　B預金通貨
(2)①X　②X
(3)c
(4)為替
(5)キャッシュレス決済
2 (1)①イ　②ウ
(2)中央銀行
3 (1)A
(2)デフレーション
(3)①高度経済成長　②バブル経済
(4)①金融政策
②〈例〉日本銀行が国債を買うと銀行から企業へ貸し出すお金が増え，経済が活発になるから。
4 (1)為替相場〔為替レート〕
(2)①円高　②B
(3)産業の空洞化

解説

1 (2)①**X・Y**ともに**金融機関**が仲立ちして企業が資金を得ているが，**X**の方は家計や企業が，初めから特定の企業に投資するつもりでお金を出している。**Y**はあくまでも預金として預けたお金が企業にわたっている点で，「間接」である。
(3)**b**は銀行が預金者に支払う利子，**c**は借りる側が銀行に支払う利子なので，**c**のほうが金利が高い。**c－b**の額が銀行の利益となる。
(5)日本でも近年，鉄道のICカードなどを中心に**キャッシュレス化**が進んでいるが，外国に比べるとまだ普及率は低い。

12

2 (1)①**イ**は紙幣の発行，**ウ**は一般の銀行への資金の貸し出しや預金の受け入れを示している。**ア**の働きは「政府の銀行」とよばれるもの。**エ**は一般の銀行の業務で，日本銀行の働きとは関係がない。

3 (3)①・②とも歴史的な好景気で，①は1973年の**石油危機**で終了，②は1991年に崩壊し，平成不況とよばれる不景気が続いた。語群中の世界金融危機は2008年にアメリカのサブプライムローンの崩壊を発端とする世界的な不景気で，日本も製造業を中心に非正規労働者の雇用が失われるなどの影響を受けた。

4 (2)①１ドルを買うのに100円かかったときより，90円で１ドルが買える**A**の状況は円の価値が上がっている(**円高**)。②100万円の車を輸出したとき，現地価格でより安い値段が付いたほうが売りやすく，有利である。**B**の**円安**は輸出にとって有利となる。

ミス注意！ １ドル＝100円から１ドル＝90円に変化するのは円高。「100円→90円」と安くなっているから円安とまちがえないように。

練習しよう 金融の「融」を攻略！

融　　　　　　　　

p.50〜p.51　ココが要点
❶財政　　　　　❷税金〔租税〕
❸予算　　　　　❹国税
❺地方税　　　　❻直接税
❼間接税　　　　❽累進課税
❾社会資本　　　❿公共サービス
⓫財政政策　　　⓬公共投資
⓭公債　　　　　⓮国債
⓯地方債　　　　⓰社会保障
⓱社会保険　　　⓲公的扶助
⓳社会福祉　　　⓴公衆衛生
㉑介護保険　　　㉒後期高齢者医療

p.52〜p.53　予想問題
1 (1)A財政　　B社会資本〔インフラ〕
　　　C公債
　　(2)歳入
　　(3)大きな政府

(4)〈例〉発行をしすぎると，将来の世代に借金の返済を担わせることになるから。
(5)①財政政策　　②イ・エ(順不同)
2 (1)A間接税　　B国税
　　(2)①累進課税
　　　②〈例〉所得の格差を減らし，税制の公平性を保つため。
　　(3)消費税
3 (1)公衆衛生
　　(2)①社会福祉　　②社会保険
　　　③公的扶助
　　(3)生存権
　　(4)①介護保険　　②Ｘエ　　Ｙア
　　(5)〈例〉高福祉の実現のための増税を，経済成長と両立させていくこと。

解説
1 (3)**3**(5)でも出題している「高福祉高負担」の政府が**大きな政府**である。これに対し，**小さな政府**とは，経済活動への介入を最小限度にとどめる政府である。
(4)**公債**は借金であり，元金とともに利子も返さなければならない。返済に時間がかかると，将来の世代に負担を先送りにすることになる。
(5)②好景気がゆきすぎると，物価が上がるなどの弊害が起こる。そのため，増税をすることによって，企業や家計の消費を減らし，公共投資を減らすことによって，企業の仕事を減らすことが，景気をおさえるために効果的な政策となる。
2 (1)税金は納税者と担税者が一致するかどうかの違いによる，**直接税**と**間接税**という分類と，納税先が国か地方公共団体かの違いによる，**国税**と**地方税**という分類がある。地方税はさらに，都道府県に納められるもの，市区町村に納められるものに分けられる。
(2)**累進課税**により高所得者から多くの税を徴収し，社会保障制度によって還元していくことは，財政の大きな役割である「**所得の再分配**」。
(3)逆進性の問題は，**消費税**のほかにも揮発油税や酒税など，間接税全般にあてはまるが，より多くの人が日常的に負担しているということで，消費税と答えるのが望ましい。
3 (1)感染症対策や上下水道整備など，人々の健

康や安全な生活を守る役割から**公衆衛生**。

⑵②と③の区別に注意。**社会保険**は「保険」であるため、健康で失業していなくても毎月保険料を納め、病気やけがをしたり、失業したりしたときに備える制度。それに対し、**公的扶助**は「最低限度の生活」ができなくなった人のために、生活費などを支給する制度。

⑷②資料から人口構成の変化を読み取ると、税金や社会保険料を負担する現役世代が含まれる15歳～64歳の人口が減り、年金で生活をする65歳以上の高齢者の割合が増えている。このことから、現役世代への保険料の負担がさらに増えることが予想される。

⑸高福祉高負担の実現のためには、増税や社会保険料を増やすなどの負担増が不可欠である。国民の負担が増えると、経済が停滞しがちになるが、経済成長を続けないと社会保障制度の持続可能性が低くなる。高負担と経済成長の両立が、大きな課題となっている。

‖**練習しよう**‖ 累進課税の「累」を攻略！

累

<table>
<tr><td></td><td></td><td></td><td></td><td></td><td></td></tr>
</table>

<table><tr><td>p.54</td><td>ココが**要点**</td></tr></table>

❶公害　　　　　　❷環境省
❸環境基本法　　　❹省エネルギー
❺3R　　　　　　 ❻循環型社会
❼国内総生産　　　❽地域経済

<table><tr><td>p.55</td><td>予想問題</td></tr></table>

① ⑴省資源
　 ⑵①Aイタイイタイ病
　　　 B四日市ぜんそく
　　 ②環境省
　 ⑶環境基本法
　 ⑷①循環型社会　②リデュース
　　 ③3R
　 ⑸①GDP
　　 ②〈例〉ワーク・ライフ・バランスの実現
　　　　のように、暮らしの質が高いこと。

✎**解説**

① ⑴高度経済成長期の**公害問題**や、**石油危機**によるエネルギー問題を経験した日本の工業製品

は、省資源・省エネルギー型の製品として世界的にも評価が高い。特に自動車は、低燃費のガソリン車から、ガソリンエンジンと電動機を組み合わせたハイブリッド車を経て、電気自動車へと進化を続けている。

⑵①新潟水俣病は新潟県阿賀野川流域、水俣病は熊本県と鹿児島県の八代海沿岸で発生している。また、四日市ぜんそくをのぞく三つは、全て水質汚濁が原因である。②1971年の発足当時は、「環境庁」であり総理府に所属していた。2001年の中央省庁の再編にともない、地球規模の環境問題などを背景に省に昇格した。

⑶「新しい公害」とは、廃棄物処理施設が排出したダイオキシンによる土壌汚染など。このほか、騒音や排気ガス、ごみなど、生活の中で発生する公害の深刻化を受けて、公害対策基本法が発展的に環境基本法へと再編された。

⑷①**循環型社会**の実現は、持続可能な社会の実現に向けても不可欠である。②Yにあてはまるのがリユース、Zにあてはまるのがリサイクルである。ガラスびんを回収して何度も容器として使うのがリユース、回収後、ガラスの原料として新たな製品に作り変えることがリサイクルである。

⑸②ほかにも、人々のつながりや地域の再生など、経済的・物質的な豊かさにとらわれない豊かさについて触れられていれば正解。また、そのような豊かさに目を向けることが、結果的に経済的な豊かさにもつながっていくことにも気づきたい。

‖**練習しよう**‖ 循環型社会の「循環」を攻略！

循環

<table>
<tr><td></td><td></td><td></td><td></td><td></td></tr>
</table>

➕**もひとつプラス**　エシカル消費

エシカル(ethical)とは「倫理的な」という意味。商品を選ぶ際に、安さだけを追求せずに、自然環境のことを考えた商品か、地域経済を損なわない商品か、原産国(とくに途上国)の人たちにとって不当に安い値段が付けられていないかなどに配慮する消費行動で、持続可能な社会の実現にもつながる。

テストに出る！

5分間攻略ブック

東京書籍版

社会
公民

重要用語をサクッと確認

よく出る資料を
まとめておさえる

赤シートを
活用しよう！

テスト前に最後のチェック！
休み時間にも使えるよ♪

「5分間攻略ブック」は取りはずして使用できます。

第1章 現代社会と私たち

◎まとめておぼえる！

現代社会の特色と私たち

◆**持続可能な社会**を目指す。

◆**グローバル化**により**国際競争**と**国際分業**が進む→外国からの食料輸入が増え，**食料自給率**が低下。

◆**少子高齢化**の進展…**核家族**が増えるなど，家族も多様化→現役世代の負担も増える。

◆メディアの活用→**情報化**の進展。

私たちの生活と文化

◆文化…**科学**，**宗教**，**芸術**。

◆伝統文化…芸能，**年中行事**，生活文化。

◆**多文化共生**の実現のために…**ダイバーシティ**（多様性）と**ユニバーサルデザイン**。

現代社会の見方や考え方

◆社会集団…**家族**や地域社会→人間は**社会的存在**。

◆決定…**全会一致**と**多数決**を使い分ける。

◆ルール作り→**対立**から**合意**へ（資料参照）。

◆決まりを作る…**権利**・**義務**・**責任**を明確に。

- ・私たち一人一人の社会参画が必要。

- ・国際的な課題の解決のために，国際協力が必要に。

- ・少子高齢化の背景…合計特殊出生率の減少と平均寿命ののび。

- ・情報を正しく活用する情報リテラシーと，他人に迷惑をかけずに使う情報モラルが求められる。

- ・日本の多様な伝統文化…琉球文化（沖縄県など）やアイヌ文化（北海道）など。
- ・文化財保護法に基づき，有形・無形の文化財の保存に努める。

- ・多数決で決定する場合は，少数意見の尊重が必要。

- ・手続きの公正さ…みんなが参加して決定しているか。
- ・機会や結果の公正さ…機会が不当に制限されたり，結果が不当なものになったりしていないか。

◎資料でおぼえる！

▼国民の年金負担

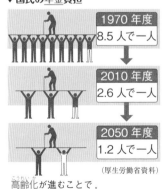

1970年度
8.5人で一人

2010年度
2.6人で一人

2050年度
1.2人で一人

（厚生労働省資料）

高齢化が進むことで，現役世代の負担が増える。

▼決まりができるまで

対立　みんなが納得できる解決策　合意

効率	みんなのお金や物，土地，労力などを無駄なく使うようになっているか
公正	みんなが参加して決定するようになっているか（手続きの公正さ）機会が不当に制限されたり，結果が不当なものになったりしていないか（機会や結果の公正さ）

第2章　1節　人権と日本国憲法

◎まとめておぼえる！

人権の歴史と憲法

◆人権（基本的人権）…確立されるまで人々の努力の歴史←フランス革命など。○

・人権思想家…ロック，モンテスキュー，ルソー。
・宣言など…権利章典，アメリカ独立宣言，フランス人権宣言，世界人権宣言。

◆近代革命を通じて，自由権が確立→社会権は20世紀のワイマール憲法。

◆立憲主義…法の支配に基づく。○

・法の支配…法が政治権力を制限する仕組み。

日本国憲法とは

◆大日本帝国憲法…天皇主権。○

・1889年。国民の権利は法律の範囲内＝臣民ノ権利。

◆日本国憲法…第二次世界大戦後，ＧＨＱの案→1946年公布，1947年施行。○

・ポツダム宣言による民主化。

◆基本原理…国民主権・平和主義・基本的人権の尊重。

◆三権分立…権力の集中を防ぐ仕組み。○

・権力を立法権（国会），行政権（内閣），司法権（裁判所）に分ける。

国民主権と私たちの責任

◆象徴天皇制…国事行為のみを行う。○

・日本国および日本国民統合の象徴。
・国事行為…内閣による助言と承認が必要。

平和主義の意義と日本の役割

◆戦争の放棄，戦力の不保持，交戦権の否認。○

◆日米安全保障条約…沖縄の基地問題。

◆自衛隊は災害時や国際協力にも出動。

・唯一の被爆国として，非核三原則もかかげている。

◎資料でおぼえる！

▼憲法改正の手続き

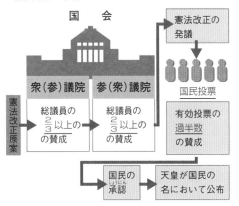

▼基本的人権

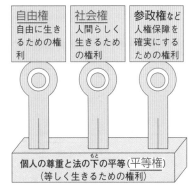

◎まとめておぼえる！

平等権とさまざまな差別

◆差別…部落差別，**アイヌ民族**への差別，在日韓国・朝鮮人への差別など。

・部落差別…同和問題ともいう。
・アイヌ文化振興法の施行。
　→2019年，アイヌ民族支援法へ。

◆男女平等…**男女共同参画社会基本法**など。

・男女雇用機会均等法で職場での差別を禁止。

◆障がいのある人のために…**バリアフリー化**。

・さまざまなちがいを認め理解し合うインクルージョン。

自由権と社会権

◆自由権…**精神の自由**，**身体の自由**，経済活動の自由。

◆社会権…**生存権**，**教育を受ける権利**，**勤労の権利**と労働基本権。

・精神の自由…表現の自由や信教の自由など。
・経済活動の自由…職業選択の自由，財産権の保障など。

人権を保障するための権利・国民の義務

◆人権を保障するための権利…**参政権**と**請求権**（裁判を受ける権利など）。

◆**公共の福祉**…人権が制限されることも。

◆三大義務…子どもに**普通教育を受けさせる義務**，**勤労の義務**，**納税の義務**。

・生存権…健康で文化的な最低限度の生活を営む権利。

・労働基本権…団結権，団体交渉権，団体行動権。

新しい人権

◆新しい人権…**環境権**，**自己決定権**，**知る権利**，**プライバシーの権利**など。

・国家賠償請求権と刑事補償請求権がある。

グローバル社会と人権

◆国際的な人権の取り組み…**世界人権宣言**（1948年）や**国際人権規約**（1966年）

◆イヌイットなど先住民の権利を保障。

・知る権利→情報公開法。
・プライバシーの権利→個人情報保護制度。

◎資料でおぼえる！

▼日照権に配慮されたマンション

▼臓器提供意思表示カード

第3章 1節 現代の民主政治

◎まとめておぼえる！

政治と民主主義

◆日本は間接民主制を採用し，国会で討議。

多数決の原理と少数意見の尊重。

・議会制民主主義ともよばれる。

選挙の意義と仕組み

◆選挙の原則…普通選挙，平等選挙，直接選

挙，秘密選挙。

・2016 年から選挙権の最低年齢が満 18 歳以上に引き下げられた。

◆衆議院…小選挙区比例代表並立制。

・参議院は，選挙区制と比例代表制を組み合わせている。

政党の役割

◆与党…内閣を組織←野党が監視・批判。

◆日本の政党政治…かつては自由民主党による単独政権→ 1990 年代以降，自民党や民主党などによる連立政権が多くなる。

・1993 年に自民党が政権を失う→自民党中心の連立政権→ 2009 年民主党による政権交代→ 2012 年再び自民党中心の連立政権。

◆選挙のときには政権公約で政党の理念や政策を示す。

マスメディアと世論・選挙の課題

◆世論…政治に関して多くの人々が共有する意見。マスメディアが形成する。

・2013 年にインターネットを使った選挙運動が解禁された。

◆国民…メディアリテラシーが求められる。

◆課題…一票の格差の問題など。

・若い世代を中心に，選挙に行かない棄権の問題もある。

◎資料でおぼえる！

▼主な選挙制度

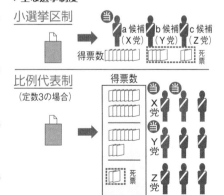

小選挙区制

比例代表制
（定数3の場合）

▼政党と国民の関係

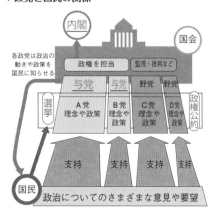

第3章　2節　国の政治の仕組み(1)

◎まとめておぼえる！

国会の地位と仕組み

◆<u>国権の最高機関</u>，<u>唯一の立法機関</u>。

◆国会議員の地位…<u>不逮捕特権</u>・<u>免責特権</u>で
自由な活動を保障。

◆<u>衆議院</u>と参議院の<u>二院制</u>。<u>参議院</u>は衆議院
の行きすぎをおさえる。

◆<u>常会</u>(通常国会)は毎年１月に召集。

- ・衆議院と参議院では，議員の任期
  や選出方法を別にしている。
- ・定数…衆議院は <u>465 人</u>，参議院
  は <u>245 人</u>。(248 人に増員予定)
- ・被選挙権…衆議院は <u>25 歳以上</u>，
  参議院は <u>30 歳以上</u>。

法律や予算ができるまで

◆<u>法律の制定</u>…立法という。

◆<u>予算の審議・議決</u>…税収とその使い道の見
積もりを決める。衆議院に<u>先議権</u>。

◆衆議院に大きな権限…<u>衆議院の優越</u>←衆議
院は任期が短く<u>解散</u>がある。

- ・法律案はまず，<u>委員会</u>で審査。委
  員会では関係者や学識経験者によ
  り<u>公聴会</u>が開かれることも。
- ・<u>本会議</u>…議員全員で構成。委員会
  での審査後，本会議で可決される
  と法律に。

行政を監視する国会

◆国会議員の中から<u>内閣総理大臣</u>を指名。

◆<u>条約の承認</u>…条約を結ぶのは内閣。

◆<u>国政調査権</u>…政治全般について調査を行う
(証人喚問など)。

◆<u>憲法改正の発議</u>…3分の2以上の議員の賛成。

◆<u>弾劾裁判所</u>の設置…裁判官をやめさせるか
どうかの判断をする。

- ・衆議院と参議院の議決が異なった
  ときは，<u>両院協議会</u>が開かれるこ
  とも。

- ・<u>憲法審査会</u>が改正原案を審査

◎資料でおぼえる！

▼国会の種類

種類	召集
<u>常会</u>（通常国会）	年１回，１月に召集
<u>臨時会</u>（臨時国会）	内閣または国会議員の要求がある場合
<u>特別会</u>（特別国会）	衆議院解散後の総選挙の日から 30 日以内
<u>参議院の緊急集会</u>	衆議院解散中に，緊急の必要がある場合

▼衆議院の優越

法律案の議決	衆議院で出席議員の<u>3分の2以上</u>の多数で再可決→法律に
予算の議決 条約の承認 <u>内閣総理大臣の指名</u>	<u>両院協議会</u>でも不一致→衆議院の議決が国会の議決に
<u>予算の先議</u>	衆議院で先に審議
<u>内閣不信任の決議</u>	衆議院のみで行える

◎まとめておぼえる！

行政の仕組みと内閣

◆<u>行政</u>…法律や予算に基づいて政策を実施すること。

◆<u>内閣</u>…国の行政全体の指揮監督をする。

◆<u>法律案</u>や予算の提出，条約の締結など。

◆<u>内閣総理大臣</u>(首相)と**国務大臣**で構成。
→<u>閣議</u>を開き政府の方針を決定。

◆<u>議院内閣制</u>…内閣は国会に連帯責任。

◆**衆議院**の**内閣不信任**の**決議権**。

◆アメリカの<u>大統領制</u>は行政と議会が独立。

- ・国の行政…<u>文部科学省</u>（教育など），<u>厚生労働省</u>（医療など），<u>外務省</u>（外交など），<u>農林水産省</u>（農業など），<u>防衛省</u>（自衛隊など），<u>国土交通省</u>（鉄道や道路など）。

- ・<u>国務大臣</u>…内閣総理大臣が任命し，過半数は国会議員。各府省庁の長を兼ねる。

行政の役割と行政改革

◆<u>公務員</u>…**国家公務員**と**地方公務員**。**全体の奉仕者**。

◆<u>財政</u>…政府による経済活動。

◆行政の役割が大きくなる→**行政権の拡大**。

◆<u>行政改革</u>…公務員の数を減らすなどして，簡素で効率的な行政を目指す。

◆<u>規制緩和</u>…許認可権を見直して自由な経済活動をうながす。

- ・裁判官や検察官，<u>自衛官</u>は国家公務員。公立学校の教師や<u>警察官</u>，消防士は地方公務員。

- ・<u>小さな</u>政府から<u>大きな</u>政府に変化したことで，政府の仕事の範囲が拡大。

- ・一般の住宅に客を泊める<u>民泊</u>やライドシェアリングは，規制緩和によって可能に。

◎資料でおぼえる！

▼議院内閣制の仕組み

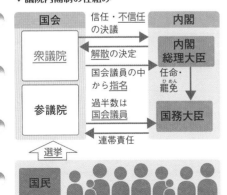

▼「小さな政府」と「大きな政府」

第3章　2節　国の政治の仕組み(3)

◎まとめておぼえる！

裁判所の仕組みと働き

◆ <u>司法</u>(裁判)…法に基(もと)づいて争いを解決。

◆ <u>三審制</u>…<u>控訴</u>と<u>上告</u>←慎重(しんちょう)な裁判を行う。

◆ 司法権の<u>独立</u>→裁判官の身分を保障。

・ 裁判所…<u>最高裁判所</u>, <u>高等</u>裁判所, <u>地方</u>裁判所, <u>家庭</u>裁判所, <u>簡易裁判所</u>から成る。

裁判の種類と人権

◆ <u>民事裁判</u>…原告と被告(ひこく)が利害関係の対立を争う。<u>行政</u>裁判も民事裁判の一種。

◆ <u>刑事裁判</u>…犯罪をさばく。<u>検察官</u>が<u>被疑者</u>を<u>被告人</u>として起訴する。

◆ 被告人の人権保障…<u>令状</u>がなければ逮捕されない。<u>弁護人</u>を依頼(いらい)する権利。

・ <u>弾劾裁判</u>と<u>国民審査</u>以外では辞めさせられない。

・ 民事裁判では, 判決を下す前に合意(<u>和解</u>)を勧められることもある。

・ 他, <u>黙秘権</u>や推定無罪など。

裁判員制度と司法制度改革

◆ <u>司法制度改革</u>…法テラスの設置など。

◆ 20歳(さい)以上の国民から選ばれた<u>裁判員</u>は, 重大な<u>刑事裁判</u>の第一審に参加。

・ <u>えん罪</u>を防ぐため取り調べの<u>可視化</u>。犯罪被害者の気持ちに配慮した<u>被害者</u>参加制度。

三権の抑制と均衡

◆ 立法権・行政権・司法権が<u>抑制</u>・<u>均衡</u>。

◆ <u>違憲審査制</u>…最終的に判断する最高裁判所は<u>憲法の番人</u>とよばれる。

・ 国民は, 国会に対して<u>選挙</u>, 内閣に対して<u>世論</u>, 裁判所に対して国民審査で, 三権を監督する。

◎資料でおぼえる！

▼三審制と裁判所の種類

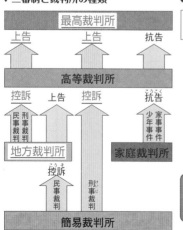

▼三権分立

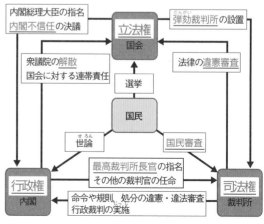

第3章　3節　地方自治と私たち

◎まとめておぼえる！

私たちの生活と地方自治

◆地方公共団体…都道府県や市(区)町村。

◆住民自身により運営…「**民主主義の学校**」。

◆地方分権一括法…仕事や財源を移譲。

地方自治の仕組み

◆地方議会…条例や予算を決める。

◆首長…都道府県知事と市(区)町村長。

◆住民は首長・議員の**選挙権・被選挙権**のほか，直接請求権を持つ。

地方財政・住民参加

◆地方財政…地方公共団体による経済活動。

◆歳入…地方税などの自主財源だけではまかなえない→国から**地方交付税交付金**と**国庫支出金**を支給。借金として地方債を発行（依存財源）。

◆市町村合併←住民投票で住民の意見を明らかに。

◆住民運動…自治会・NPOなども協力。

◆地域の活性化…過疎地域での町おこし・村おこしなど。

・特別区（東京23区）には，市町村と同じ権限。

・条例…地方公共団体独自の法。

・二元代表制…住民が首長と議員の両方を選ぶこと←国政では国民は首相を直接選べない。
・被選挙権…地方議会の議員と市(区)町村長は 25 歳以上，都道府県知事は 30 歳以上。

・リコール…直接請求権のうち，首長や議員を辞めさせたり，議会を解散させたりすること。

・地方交付税交付金…地方公共団体間の財政格差をおさえるために配分。
・国庫支出金…義務教育や道路整備など使い方が限定。

・NPO…非営利組織のこと。ボランティアなどの社会貢献活動を行う。

◎資料でおぼえる！

▼地方自治の仕組み

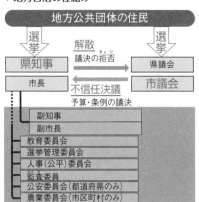

▼直接請求権

内容	必要な署名
条例の制定，改廃 監査	有権者の $\frac{1}{50}$ 以上
議会の解散	有権者の $\frac{1}{3}$ 以上
議員・首長の解職	
主要な職員*の解職	

＊副知事，副市（区）町村長，各委員

東京書籍版　社会公民

第4章　1節　消費生活と市場経済

教科書 p.130~p.139

◎まとめておぼえる！

私たちの消費生活

◆**経済**…財やサービスの生産と消費。本当に必要な商品を**選択**する必要性。

- ・財は形のある商品，サービスは形のない商品。

◆**家計**…消費生活を営む個人や家族。

- ・クレジットカードの利用には注意が必要。

◆**収入**→**消費支出**や**貯蓄**に回される。

- ・収入…給与収入，事業収入，財産収入から成る。

◆**希少性**…求める量に対して，財やサービスが不足した状態。

契約と消費生活

◆**消費者主権**…自分の意思と判断で購入。

◆**契約自由の原則**…売買契約は自由に。

消費者の権利を守るために

◆**消費者問題**の深刻化→消費者の権利の保障に取り組む。

- ・ケネディ大統領が「消費者の四つの権利」を主張。

◆行政の対応…**クーリング・オフ**や**製造物責任法**(ＰＬ法)，**消費者契約法**。

- ・クーリング・オフ制度…訪問販売などによって結んだ契約を８日以内なら無条件で解除できる。
- ・ＰＬ法…商品の欠陥で損害を受けた場合，企業の過失を証明しなくても賠償を請求できる。

◆**消費者基本法**→**自立した消費者へ**。

消費生活を支える流通

◆**流通**…商品が生産者から消費者へ届くまでの流れ。商業(**小売業**と**卸売業**)が中心。

- ・流通関連業には，運送業，倉庫業，保険業，広告業などがある。

◆**流通の合理化**…直接仕入れや一括仕入れなどで流通費用の削減。

- ・小売業者や卸売業者はプライベートブランド商品を展開。

◎資料でおぼえる！

▼流通の仕組み

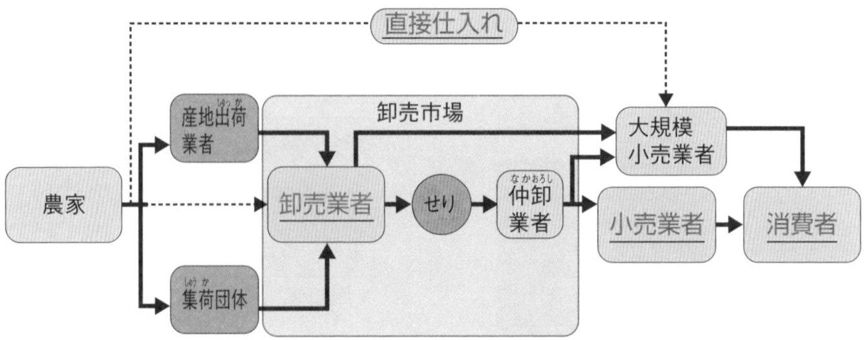

◎まとめておぼえる！

生産活動と企業

◆**資本主義経済**…企業が資本を元手に**利潤**の獲得を目指す。

- ・企業の活動は**技術革新**を生み出す。

企業の種類

◆さまざまな企業…**公企業**と**私企業**，**大企業**と**中小企業**。ベンチャー企業も。

- ・**中小企業**…大企業の**下請け**となることも多いが，高い技術力を持つ企業もある。
- ・**ベンチャー企業**…独自の技術で新たな事業を起こす中小企業。

◆**企業の社会的責任**（CSR）も求められる。

株式会社の仕組み

◆**株式会社**…株式を発行して資金を集める。

◆**証券取引所**…株式が売買される場。

- ・企業の社会的責任（CSR）…教育や文化，環境保全などで積極的に社会貢献する企業も。

労働の意義と労働者の権利

◆**労働組合**…団結して労働条件の改善などを使用者と交渉する組織。

- ・証券取引所では売買を通じて**株価**が決定される。

◆**労働基準法**，**労働組合法**，**労働関係調整法**。

◆**ワーク・ライフ・バランス**の実現。

◆長時間労働による病気や**過労死**の問題。

- ・**労働基準法**…労働条件の最低基準。
- ・**労働組合法**…労働三権に基づく労働組合の活動を保障。

労働環境の変化と課題

◆**終身雇用・年功序列賃金**から能力主義・成果主義へ。

◆**非正規労働者**や外国人労働者の増加。

- ・非正規労働者…**アルバイト**やパート，**派遣**社員，契約社員など。

◎資料でおぼえる！

▼企業の主な種類

私企業	個人企業	農家，個人商店など
	法人企業	株式会社など
公企業	地方公営企業	水道，ガス，バスなど
	独立行政法人	造幣局，国立印刷局，国際協力機構（JICA）など

▼株式会社の仕組み

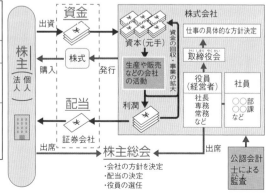

第4章　3節　市場経済の仕組みと金融

◎まとめておぼえる！

市場経済と価格・価格の働き

◆**市場**では，**需要**と**供給**の関係で価格(**市場価格**)が決まる→**市場経済**。

◆市場価格の上下によって生産量が調整。

◆**独占(寡占)価格**…独占や寡占の状態で決められた価格←**独占禁止法**で取りしまる。

◆**公共料金**…国や地方公共団体が決定。

・<u>需要量</u>…消費者が買おうとする量。
・<u>供給量</u>…生産者が売ろうとする量。

・<u>独占</u>…商品を供給する企業が1社のみの場合。少数の場合は<u>寡占</u>。
・<u>独占禁止法</u>…<u>公正取引委員会</u>が運用に当たる。

貨幣の役割と金融

◆金融…**直接金融**と**間接金融**がある。

・<u>直接金融</u>…企業が株式や債券を発行して直接資金を借りること。
・<u>間接金融</u>…企業が銀行などを通じて資金を集めること。

私たちの生活と金融機関・景気と金融政策

◆<u>金融機関</u>…銀行など。貸し借りで得た<u>利子</u>(利息)の差額が利潤に。

◆<u>預金通貨</u>…**現金通貨**と同様に貨幣の役割。

◆<u>日本銀行</u>…**中央銀行**。金融政策を行う。

◆景気変動…**好景気**(好況)と**不景気**(不況)が交互にくり返される。

・<u>金利</u>…元金に対する利子の比率。
・<u>為替</u>…銀行振り込みなど，金融機関を通したお金のやり取り。

・日本銀行は景気の安定化を図るため，<u>金融政策</u>を行う。

グローバル経済と金融

◆経済の**グローバル化**→**産業**の**空洞化**が進む。

◆<u>為替相場</u>…外国の通貨との交換比率。1ドル＝100円が1ドル＝80円になることを<u>円高</u>という。

・好景気のとき物価が上がり続ける現象を<u>インフレーション</u>，逆をデフレーションという。

◎資料でおぼえる！

▼需要曲線と供給曲線

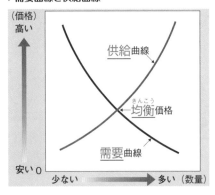

▼日本銀行の働き

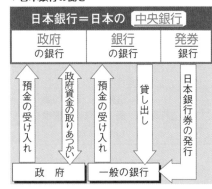

東京書籍版　社会公民

第4章　4節　財政と国民の福祉

◎まとめておぼえる！

私たちの生活と財政

- ◆財政…政府による経済活動。
- ◆予算…歳入と歳出の計画。
- ◆歳出…1年間の政府の支出。国の歳出は社会保障関係費と国債費の割合が大きい。
- ◆累進課税…所得が多くなるほど税率が高くなる→経済格差を改善。

財政の役割と課題

- ◆政府…**社会資本**や**公共サービス**を供給。
- ◆財政政策…公共投資や**増税・減税**により景気を調整。
- ◆公債…国や地方公共団体の借金。

社会保障・少子高齢化と財政

- ◆日本の社会保障…憲法第25条生存権に基づく。
- ◆社会保障の四つの柱…**社会保険**，**公的扶助**，**社会福祉**，**公衆衛生**。
- ◆少子高齢化は社会保障の在り方に影響。
- ◆介護保険制度…40歳以上が加入。

- ・政府の1年間の収入である歳入は，税金（租税）のほか，公債金が大きな割合をしめる。

- ・消費税などの間接税は，所得の低い人ほど負担が大きくなる逆進性の問題がある。

- ・社会資本（インフラ）…道路や公園，水道などの公共性の高い施設。

- ・財政政策…不景気のとき減税し，公共投資を増やす。

- ・国の借金が国債，地方公共団体の借金が地方債。

- ・少子高齢化…現役世代が減るため税収が減り，高齢者が増えるため，医療費や介護にかかる費用が増える。

- ・大きな政府（高福祉高負担）か小さな政府(低福祉低負担)かの選択。

◎資料でおぼえる！

▼主な税金

	直接税	間接税
国税	所得税 法人税 相続税	消費税 揮発油税 酒税 関税
地方税	住民税 事業税 自動車税 固定資産税	入湯税 ゴルフ場利用税 地方消費税

▼社会保障制度

種類	仕事の内容
社会保険	医療保険　介護保険 年金保険　雇用保険 労災保険
公的扶助	生活保護 　生活扶助　住宅扶助 　教育扶助　医療扶助など
社会福祉	高齢者福祉　児童福祉 障がい者福祉 母子・父子・寡婦福祉
公衆衛生	感染症対策　上下水道整備 廃棄物処理　公害対策など

◎まとめておぼえる！

公害の防止と環境の保全

◆四大公害病の発生→住民運動の展開→**公害対策基本法**と**環境庁**の設置。

◆**環境基本法**…ダイオキシンなどの新しい公害に対処。

◆**企業**…**省資源・省エネルギー**型の製品開発で地球環境問題に対処。

◆**循環型社会**…**3R**などのごみの削減により目指す。

◆**エシカル消費**…環境や社会，人に配慮した商品を選んで消費すること。

経済の持続可能性と真の豊かさ

◆国内総生産（GDP）の高さが暮らしの質の高さに直結しないこともある。

◆地域経済の持続可能な発展を目指す。

◆急速な人口減少→地域経済や財政の衰退のおそれがある。

◆住民が中心のまちづくりで，日本の地域社会の持続可能な**発展**を目指す。

・環境庁は2001年に環境省に移行。

・**3R**…リデュース（ごみを減らす），リユース（まだ使えるものを再使用する），リサイクル（再生利用する）。

・国内総生産（GDP）…ある国や地域の中で一定期間に生産された，財やサービスの付加価値の合計。

・コンパクトシティ…市街地や鉄道の駅がある地域に，社会資本を効率的に配置。

・過疎の農村に観光客を呼びこむ「農泊」の試みも。

◎資料でおぼえる！

▼四大公害裁判

	新潟水俣病	四日市ぜんそく
被害地域	新潟県阿賀野川流域	三重県四日市市
原因	水質汚濁	大気汚染

	イタイイタイ病	水俣病
被害地域	富山県神通川流域	熊本県・鹿児島県八代海沿岸
原因	水質汚濁	水質汚濁

▼循環型社会の仕組み

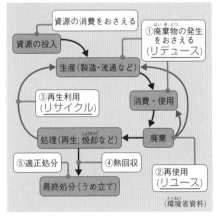

（環境省資料）

第5章　1節　国際社会の仕組み

◎まとめておぼえる！

国際社会における国家・領土をめぐる問題

- ◆**主権国家**…**国民**・**領域**・**主権**から成る。
- ◆**国旗**・**国歌**を尊重。
- ◆国際法…条約と国際的な慣習など。
- ◆不法占拠(ふほうせんきょ)…**北方領土**(ロシア連邦)と**竹島**(たけしま)(韓国(かんこく))←日本は交渉と抗議を続ける。
- ◆尖閣諸島(せんかくしょとう)…中国が領有を主張。
- ◆**国際司法裁判所**による解決もある。

国際連合の仕組みと役割

- ◆**国際連合**(国連)…戦争や紛争(ふんそう)の解決と世界の平和・安全の維持(いじ)。
- ◆**安全保障理事会**…**常任理事国**に拒否権(きょひ)。
- ◆**平和維持(いじ)活動**(PKO)…停戦などを監視(かんし)。

地域主義の動き・新興国の台頭と経済格差

- ◆**ヨーロッパ連合**(EU)…共通通貨**ユーロ**。
- ◆東南アジア諸国連合(**ASEAN**(アセアン))。
- ◆新興国…新興工業経済地域(**NIES**(ニーズ))や**BRICS**(ブリックス)の台頭。
- ◆**南北問題**と**南南問題**。

・主権…ほかの国から支配されたり干渉されず、ほかの国とたがいに平等である権利。

・日本の国旗は「日章旗」,国歌は「君が代」。

・常任理事国…アメリカ,ロシア連邦,イギリス,フランス,中華人民共和国。

・日本はアジア太平洋経済協力会議(APEC)などに参加。

・BRICS…ブラジル,ロシア連邦,インド,中国,南アフリカ共和国の頭文字から。

・南北問題…先進工業国(先進国)と発展途上国(途上国)間の経済格差。
・南南問題…途上国の間の経済格差。

◎資料でおぼえる！

▼領域と排他的経済水域　　▼国際連合の仕組み

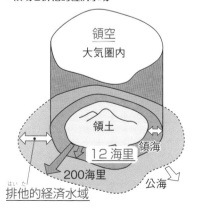

領空
大気圏内

領土

領海

12海里

200海里

公海

排他的経済水域(はいた)

事務局

安全保障理事会

国際司法裁判所

総会

信託統治理事会

経済社会理事会

●国連児童基金(UNICEF(ユニセフ))
●国連難民高等弁務官事務所(UNHCR)
●世界保健機関(WHO)
●国連教育科学文化機関(UNESCO(ユネスコ))

◎まとめておぼえる！

地球環境問題　資源・エネルギー問題

◆地球温暖化…温室効果ガス削減の取り組み
　←京都議定書やパリ協定。

◆化石燃料…限りある資源。

◆原子力発電…放射性廃棄物と安全性。

◆再生可能エネルギーの開発を進める。

貧困問題　新しい戦争　難民問題

◆多くの人々が貧困や飢餓の状態にいる。

◆フェアトレードやマイクロクレジットなど
　の取り組み。

◆地域紛争…多くが民族紛争の形をとる
　→難民の増加。

◆テロリズム…武力による無差別攻撃。

これからの地球社会と日本

◆文化の多様性の尊重←宗教や民族のちがい
　を認める。

◆日本の外交…平和主義と国際貢献。

◆世界の平和のために…人間の安全保障の考
　えを生かす。

・日本の電力…水力発電，火力発電，原子力発電などで供給。

・再生可能エネルギー…太陽光，風力，地熱，バイオマスなど，資源確保の心配がなく，二酸化炭素を排出しないエネルギー。

・フェアトレード…途上国の農作物や製品を，公正な価格で取り引き。
・マイクロクレジット…貧しい人々が新しい事業を始めるための少額融資のこと。

・難民…紛争や迫害を避けて，自国から他国に逃れた人々。

・人間の安全保障…一人一人の人間の生命や人権を大切にするという考え。

◎資料でおぼえる！

▼地球温暖化の仕組み

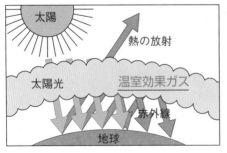

▼地域別の将来人口

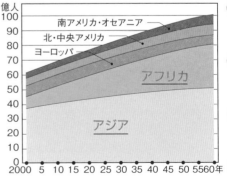

(国連世界人口予測)

東京書籍版　社会公民

第5章　地球社会と私たち

❶主権
❷領域
❸排他的経済水域
❹国際法
❺国際司法裁判所
❻竹島
❼北方領土
❽尖閣

p.57　予想問題

1 (1)200

(2)①エ　②内政不干渉の原則

③国旗〔国歌〕

(3)①国際法　②国際司法裁判所

2 (1)①ウ　②ア

(2)尖閣諸島

(3)〈例〉侵食などで島がなくなると，広大な排他的経済水域を失うことになるから。

解説

1 (2)①領土と領海の上空が領空であり，この三つが国家主権のおよぶ領域である。②ある国において著しい人権侵害が行われている場合など，他国がそれを非難することが内政不干渉の原則に反するかどうかは，意見が分かれている。③国旗・国歌ともに尊重し合うことが，各国の友好のために大切である。

(3)①条約と国際慣習法から成る。②本部はオランダのハーグにある。日韓の竹島問題のように，日本が提訴を提案しても韓国がそれに応じなければ問題は前進せず，国際問題の解決のために機能しきれていない面もある。

2 (1)①は島根県の竹島，②は北海道の北方領土である。地図中のイは新潟県の佐渡島，エは東京都の南鳥島であり，いずれも領土問題はない。

(2)尖閣諸島は日本固有の領土であるが，1969年に周辺に石油資源埋蔵の可能性が報告されると，中国と台湾が領有権を主張し始めたといういきさつがある。

(3)排他的経済水域には漁業権のほか，海底に埋蔵される資源の採掘権も含まれるため，将来の世代にそれを受け継いでいくことが重要。

練習**しよう**　尖閣諸島の「尖閣」を攻略！

尖閣

❶国際連合〔国連〕
❷総会
❸安全保障理事会
❹常任理事国
❺拒否
❻専門機関
❼平和維持活動
❽持続可能な開発目標
❾地域主義
❿ヨーロッパ連合
⓫ユーロ
⓬東南アジア諸国連合
⓭アジア太平洋経済協力会議
⓮発展途上国
⓯南北問題
⓰先進工業国
⓱新興国
⓲新興工業経済地域
⓳BRICS
⓴南南問題

p.60 ～ p.61　予想問題

1 (1)ニューヨーク

(2)①総会　②世界保健機関〔WHO〕

③経済社会理事会

④国連教育科学文化機関〔UNESCO〕

(3)①ロシア連邦

②〈例〉常任理事国が拒否権を行使すると決議ができなくなるから。

(4)ウ

(5)平和維持活動

(6)SDGs

(7)①主権平等　②集団安全保障

2 (1)Aヨーロッパ連合　B先進工業国〔先進国〕

(2)①〈例〉共通通貨ユーロを導入し，経済的な結び付きを強めている。

②イギリス

(3)①地域主義　②X ASEAN

Y TPP11

(4)①NIES　②BRICS　③G20

(5)南南問題

(6)ア

解説

1 (2)④国連教育科学文化機関(UNESCO)は，世界遺産の登録なども行っている。

(3)①五大国とよばれる常任理事国は，第二次世界大戦の戦勝国(およびその継承国)であり，いずれも核兵器の保有国である。②そのため，とくに冷戦期においては安保理が機能不全におち

15

いることが多かった。

(4)ア日本やドイツをはじめとして，常任理事国より多くの分担金を負担している国がある。イは逆で，総会ではなく安保理の決定には従う義務がある。

(6)2015年に採択された**持続可能な開発目標**のことである。

(7)②侵略を行った国に集団で武力行使を含む制裁を科せられるという考えで，経済制裁という限定的な制裁にとどまったために第二次世界大戦を防げなかった国際連盟への反省に基づく。

2 (2)①EUの共通の中央銀行を創ったこと，国境の行き来の自由化，加盟国間の関税の撤廃について述べても正解。②2016年の国民投票で離脱を決定し，2020年に離脱した。

(3)②Yアジア・太平洋地域には**アジア太平洋経済協力会議**も存在するが，その中の国々が経済関係を強化するために結んだのが，**環太平洋経済連携協定(TPP11)**である。当初はアメリカ合衆国も参加していたが，離脱した。

(4)新興国のグループのアルファベット略称は，(3)の地域主義の略称とともにおさえておきたい。②それぞれの国々の頭文字のアルファベットを並べたもの。③G8は欧米を中心とする先進国。それに新興国などの途上国を加えたのがG20。

(6)アEUではドイツなどの富裕な国と，遅れて参加した東欧諸国などとの**経済格差**が深刻化している。

p.62～p.63	**ココが要点**
❶地球温暖化	❷温室効果ガス
❸地球サミット	❹パリ協定
❺原子力発電	
❻再生可能エネルギー	
❼貧困	❽飢餓
❾フェアトレード	
❿マイクロクレジット	
⓫地域紛争	⓬民族紛争
⓭テロリズム〔テロ〕	
⓮軍縮	⓯核拡散防止条約
⓰難民	⓱平和主義
⓲政府開発援助	⓳世界遺産
⓴人間の安全保障	

p.64　予想問題

1 (1)地球温暖化

(2)a ウ　　c イ

(3)再生可能エネルギー

(4)〈例〉再生可能エネルギーは資源確保の必要がないため，採掘年数に限りがある化石燃料などを使い続けることよりも，こうしたエネルギーを実用化することが将来の世代を考えたうえで重要である。

2 (1)A テロリズム〔テロ〕

B 人間の安全保障

(2)世界遺産

(3)アフリカ

(4)難民

解説

1 (2)bの**京都議定書**の説明が**ア**である。京都議定書は先進国に温室効果ガスの削減義務を課したものの，工業化が著しかった途上国の削減義務がなく，アメリカが離脱するなどの問題が生まれた。

(4)エネルギーの持続可能性を考えたとき，環境への負荷とともに考えなければならないのが資源確保の問題である。石油・天然ガスなどの**化石燃料**の採掘に限りがあることを考えると，**再生可能エネルギー**の実用化をより進め，化石燃料に代替する割合を増やしていくことが求められている。

2 (1)Aテロは不法な暴力であり，安易に妥協すべきではない。一方で，テロに対する報復が，新たなテロの連鎖をよびおこすこともある。

(3)アジアに次いで人口が多く，増加率はむしろアジアよりも大きいと予測されるZはアフリカ。Yは人口が減少傾向にあることから，高齢化が進んでいるヨーロッパであることがわかる。

(4)2011年から続くシリア内戦により大量に発生しているシリア難民が近年大きな問題となった。これらの難民はヨーロッパへの移住を望み，ドイツなどが受け入れを表明したが，国内には反対する意見も多く，問題となった。

練習しよう 「飢餓」を攻略！

飢餓

6 5 4 3 2
D C B A